PARAMAHANSA YOGANANDA
(1893 – 1952)

JOURNAL SPIRITUEL

Une pensée pour vous inspirer
chaque jour de l'année

Paramahansa Yogananda
et autres auteurs

Titre original en anglais publié par la
Self-Realization Fellowship, Los Angeles (Californie, U.S.A.)
Spiritual Diary

ISBN-13: 978-0-87612-023-1
ISBN-10: 0-87612-023-0

Traduit en français par la Self-Realization Fellowship
Copyright © 2017 Self-Realization Fellowship

Tous droits réservés. À l'exception de brèves citations dans des revues littéraires, aucun passage du *Journal spirituel (Spiritual Diary)* ne peut être reproduit, archivé, transmis ou affiché sous quelque forme ni par quelque procédé que ce soit (électronique, mécanique ou autre) connu ou à venir (y compris la photocopie, l'enregistrement et tout système d'archivage et de consultation de l'information) sans l'autorisation écrite préalable de la Self-Realization Fellowship, 3880 San Rafael Avenue, Los Angeles, CA 90065-3219, U.S.A.

 Édition autorisée par le Conseil des Publications internationales de la Self-Realization Fellowship

Le nom « Self-Realization Fellowship » et l'emblème ci-dessus apparaissent sur tous les livres, enregistrements et autres publications de la SRF, garantissant aux lecteurs qu'une œuvre provient bien de l'organisation à but non lucratif établie par Paramahansa Yogananda et rend fidèlement ses enseignements.

Première édition en français de la Self-Realization Fellowship, 2017
First edition in French from Self-Realization Fellowship, 2017

Impression 2017
This printing 2017

ISBN-13: 978-0-87612-682-0
ISBN-10: 0-87612-682-4

1557-J3836

NOTE DE L'ÉDITEUR

Ce recueil de pensées pleines d'inspiration est tiré avant tout des écrits de Paramahansa Yogananda, le fondateur de la *Yogoda Satsanga Society of India* (1917) et de la *Self-Realization Fellowship*[1] en Amérique (1920), siège international de la SRF-YSS.

L'œuvre de sa vie fut de répandre la science spirituelle du *kriya yoga*, une technique de méditation par laquelle l'homme peut parvenir à l'expérience directe et personnelle de Dieu. Paramahansa Yogananda démontra que les enseignements de Bhagavan Krishna, le Christ de l'Inde, et du Seigneur Jésus, le Christ de l'Occident, étaient de la même essence. Il enseigna que par la communion consciente avec la Conscience universelle christique qui se manifestait en eux comme en tout avatar de réalisation divine, l'humanité pouvait connaître une réelle fraternité sous la paternité de Dieu. À des milliers d'hommes et de femmes aspirant à une spiritualité authentique, Paramahansa Yogananda montra la manière de communier, grâce au *kriya yoga*, avec cette Conscience christique omniprésente qui est la «lumière du monde».

Dans ses textes, Paramahansa Yogananda nous légua de nombreuses histoires sur l'illustre lignée de maîtres de

---

[1] Littéralement: «Association de la réalisation du Soi.» Paramahansa Yogananda expliqua que le nom Self-Realization Fellowhip signifiait «Communion avec Dieu à travers la Réalisation du Soi et amitié avec tous ceux qui cherchent la Vérité».

la Self-Realization Fellowship : Mahavatar Babaji, Lahiri Mahasaya et son propre guru, Swami Sri Yukteswar. Le *Journal spirituel* de la Self-Realization Fellowship recèle un trésor impressionnant de sagesse venant de la bouche même de ces grands êtres. Des passages inspirants ont aussi été choisis parmi les paroles et les lettres de Rajarsi Janakananda et de Sri Gyanamata, deux disciples occidentaux très avancés de Paramahansa Yogananda.

Les utilisateurs du *Journal* trouveront, au bas de chaque pensée du jour, le nom de son auteur ainsi que le livre ou la publications dont elle est tirée. Étant donné que les auteurs de ces citations ne sont pas forcément les auteurs des publications respectives, une liste bibliographique est donnée à la fin de l'ouvrage à titre d'intérêt et pour la commodité du lecteur. Certains passages de ce *Journal* sont également extraits des *Leçons de la Self-Realization* ou des *Paragrammes*, de courtes pensées de Paramahansa Yogananda présentées sous forme de petites cartes, voire issus de la revue trimestrielle *Self-Realization*. Pour de plus amples informations sur toutes ces publications, nous vous proposons de contacter la Self-Realization Fellowship à l'adresse ci-dessous.

SELF-REALIZATION FELLOWSHIP
3880, San Rafael Avenue
Los Angeles, Californie 90065, U.S.A.
www.yogananda-srf.org

PRÉFACE

de Sri Daya Mata
Présidente et chef spirituel de la Self-Realization Fellowship/
Yogoda Satsanga Society of India
de 1955 à † 2010

«Car il est comme les pensées de son âme» est-il dit dans les Proverbes (23,7). Cette sagesse retiendra l'attention de toute personne souhaitant s'améliorer et s'efforçant de parvenir au but suprême de la vie: Dieu. Car ce qui habite constamment nos pensées influence ce que nous devenons. Les circonstances de notre vie, nos humeurs et nos habitudes, nos réussites et nos échecs sont en grande partie les produits de nos pensées. De fait, le pouvoir de l'esprit est la force originelle et directrice qui est à l'œuvre derrière toute création.

Former l'esprit à s'établir dans des pensées positives et inspirantes aide à concentrer ses énergies en vue d'atteindre une fois pour toutes un objectif bien défini. J'ai appris à appliquer cette science spirituelle il y a des années, guidée en cela par mon grand guru, Paramahansa Yogananda. Prendre chaque jour ne serait-ce qu'une seule des facettes de la Vérité, s'y établir et la vivre, est d'un effet transformateur miraculeux tant sur notre vie intérieure qu'extérieure. Ne commencez jamais votre journée sans avoir d'abord ancré votre esprit sur le fondement d'un principe de Vérité afin de lui donner une direction.

Nous nous laissons facilement piéger par nos obligations

matérielles, au point d'oublier nos responsabilités spirituelles. Nous sommes l'esclave de notre corps. Mais qu'en est-il de notre obligation envers notre âme? Cette image de Dieu en nous crie d'envie d'exprimer ses qualités qui sont celles de l'Esprit: la vie éternelle, la sagesse divine, l'amour incommensurable et la joie sans bornes. Tout ce que Dieu est et tout ce qu'Il possède est nôtre par droit de naissance divine. La réalisation du Soi, c'est connaître tout cela.

Ce *Journal spirituel* est émaillé de pensées inspirantes pour vous guider chaque jour de l'année. Si vous les mettez en pratique dans toutes vos entreprises, matérielles ou spirituelles, vos actions seront amplifiées de force divine. Pensez la vérité, pensez le bien, pensez Dieu! Si votre esprit est rempli de Sa lumière, l'obscurité ne trouvera aucune place en vous.

COMMENT UTILISER CE « JOURNAL SPIRITUEL »

Ce *Journal* se veut un guide quotidien de pensées spirituelles, le socle d'une vie plus spirituelle. Les pensées pour les commémorations particulières à dates fixes sont données à la date correspondante. Quand il s'agit d'une date variable (comme par exemple Pâques), la pensée propre à cette journée apparaît sur une page séparée, au début du mois où elle tombe habituellement.

Chaque matin, lisez la pensée du jour. Puis asseyez-vous et, dans le silence, méditez sur cette pensée afin d'en tirer la substantifique moelle. Trouvez un moyen de l'appliquer à votre vie. Efforcez-vous d'harmoniser votre esprit et vos perceptions avec le profond courant spirituel et la vitalité qui se manifestent à travers ces mots.

Au cours de la journée, reprenez cette pensée aussi souvent que possible : répétez-la mentalement avec une profonde concentration et même à voix haute si les circonstances le permettent. Efforcez-vous de toutes les façons possibles de faire en sorte que cette idée puisse trouver une application pratique pour vous et pour d'autres.

Avant de vous retirer pour la nuit, répétez mentalement la pensée du jour et notez dans ce *Journal spirituel* vos observations personnelles et votre analyse de cette pensée.

Si vous vous concentrez profondément sur les vérités contenues dans ce *Journal* et vous appliquez à mettre en pratique le message que recèle chaque pensée, vous verrez votre conscience et votre vie quotidienne se transformer de manière subtile. Les pensées justes sont le tremplin de l'action juste. Quant à l'action juste, elle conduit à la paix intérieure et à un bonheur durable, permettant ainsi à votre réalisation intérieure de s'épanouir progressivement.

1ᵉʳ janvier — Le Nouvel An

Au seuil du Nouvel An, tous les portails clos des limitations s'ouvriront grands et je les franchirai pour aller vers des espaces plus vastes où tous mes rêves, pour peu qu'ils le méritent, seront exaucés.

> Paramahansa Yogananda
> *Revue de la Self-Realization*

2 janvier — La nouvelle année

Pour la nouvelle année, mon plus beau souhait pour vous, ma prière la plus chère, est que vous rejetiez les habitudes erronées de penser et d'agir. Ne traînez pas vos mauvaises habitudes dans la nouvelle année. Vous n'avez pas à les emporter avec vous. À tout moment, vous pouvez être contraints d'abandonner votre enveloppe charnelle et déjà ces habitudes s'évanouiront. Elles ne vous appartiennent pas plus à présent. Ne les admettez pas ! Laissez derrière vous tout malheur révolu, toute pensée futile et toute mauvaise habitude. Recommencez votre vie à neuf !

Paramahansa Yogananda
Revue de la Self-Realization

3 janvier — La nouvelle année

Choisissez les mauvaises habitudes que vous allez éradiquer cette année. Faites enfin les choix qui s'imposent et tenez-vous en à votre décision. Décidez de consacrer davantage de temps à Dieu, c'est-à-dire de méditer régulièrement chaque jour et, un soir par semaine, de méditer durant plusieurs heures d'affilée de manière à pouvoir sentir vos progrès spirituels en Dieu. Prenez la résolution de pratiquer le *kriya yoga* avec régularité et de maîtriser à la fois vos appétits et vos émotions. Soyez un maître !

Paramahansa Yogananda
La quête éternelle de l'homme

4 janvier — Le guru

Au début de sa quête spirituelle, il est sage de comparer différents sentiers et maîtres spirituels. Mais une fois que vous avez trouvé le véritable guru qui vous est destiné, celui dont l'enseignement peut vous conduire au But divin, alors la quête fébrile devrait cesser. Une personne spirituellement assoiffée ne devrait pas chercher indéfiniment de nouveaux puits ; elle devrait plutôt se rendre au meilleur d'entre eux et se désaltérer quotidiennement de ses eaux vives.

Paramahansa Yogananda
Leçons de la SRF

5 janvier — Le guru

Anniversaire de Paramahansa Yogananda

Si je ne viens pas vous voir, souvenez-vous que je travaille pour vous en un lieu autre. Le fait de vous voir tout le temps ne vous aidera pas forcément. Vous recevrez davantage en méditant profondément et régulièrement. Je ne suis pas seulement là pour vous aider dans cette vie, mais également dans l'au-delà.

Paramahansa Yogananda,
lors d'une conférence

6 janvier — Le guru

Je veux faire sur mon bateau bien des navettes
Pour traverser le gouffre-après-la-mort
Et m'en retourner vers les rivages de la terre, depuis mon foyer des Cieux.
Je veux charger mon bateau
De ceux qui attendent, des assoiffés laissés pour compte,
Et les emmener vers la mer d'opale de joie iridescente
Où mon Père distribue
Sa paix liquide étanchant tout désir.

Paramahansa Yogananda
La quête éternelle de l'homme

7 janvier — Le guru

Ô mon Guru ! Si tous les dieux me poursuivent de leurs foudres, mais que toi, tu es content de moi, je me sais sain et sauf dans la forteresse de ton bon plaisir. Et si tous les dieux me protègent par les parapets de leurs faveurs, mais que ta bénédiction me fait défaut, je suis un orphelin, réduit à pâtir spirituellement dans les ruines de ce qui fut ton plaisir.

Ô Guru, tu m'enlevas du pays de l'égarement pour m'élever dans le paradis de la paix. Ma somnolence chagrine est terminée et me voilà éveillé dans la joie.

Paramahansa Yogananda
Whispers from Eternity

8 janvier — Le guru

C'est parce que Dieu vous veut que je suis ici avec vous, vous exhortant à retourner à la Maison, où est mon Bien-Aimé, où sont le Christ et Krishna ainsi que Babaji, Lahiri Mahasaya, Sri Yukteswarji et les autres saints. «Venez! dit le Seigneur, ils se réjouissent tous en Moi. Aucune joie de ce monde – ni les mets les plus fins, ni la beauté des fleurs, ni le plaisir éphémère des amours terrestres – ne peut se comparer aux divines joies de Ma demeure.»

Il n'y a qu'une seule Réalité. C'est Lui. Oubliez tout le reste.

Paramahansa Yogananda
Ainsi parlait Paramahansa Yogananda

9 janvier — Le guru

Lorsque quelqu'un a trouvé son guru, il devrait lui vouer une dévotion inconditionnelle, parce que celui-ci est le véhicule de Dieu. Le seul objectif du guru est d'amener le disciple à la réalisation du Soi ; l'amour que le guru reçoit du disciple, le guru l'offre à Dieu.

Paramahansa Yogananda
Ainsi parlait Paramahansa Yogananda

10 janvier — Le guru

Vous ne me manquez jamais quand je suis au loin parce qu'intérieurement, vous êtes maintenant toujours avec moi et vous le serez à jamais. Que nous vivions ici ou que nous passions par les portes de la mort, nous serons toujours réunis en Dieu.

Paramahansa Yogananda,
s'adressant à un groupe de disciples

11 janvier — Le guru

Sans guru, le disciple ordinaire ne peut pas trouver Dieu. Il faut pour cela 25 % de pratique fervente des méthodes de méditation, 25 % de bénédictions du guru et 50 % de la grâce de Dieu. Si vous persévérez dans vos efforts jusqu'à la fin, Il apparaîtra devant vous.

Paramahansa Yogananda
Revue de la Self-Realization

12 janvier   L'obéissance

Le vrai disciple obéit à son guru en toutes choses et de façon implicite parce que le guru est un homme de sagesse et de pureté.

Paramahansa Yogananda
Revue de la Self-Realization

13 janvier — L'obéissance

Si nous permettons à notre volonté d'être dirigée par la sagesse d'un maître dont la volonté est en harmonie avec celle de Dieu, ce maître cherche alors à guider notre volonté de manière à nous faire voyager prestement sur la voie du retour à la divinité. La principale différence entre un homme de ce monde et un saint est que le sage a syntonisé sa volonté avec celle de Dieu.

Rajarsi Janakananda,
dans *Rajarsi Janakananda: A Great Western Yogi*

14 janvier — L'obéissance

Parfois, des étudiants me disent : « Untel fait des progrès spirituels plus rapides que moi. Pourquoi ? » Je leur réponds : « Untel sait écouter. » Tous les humains seraient en mesure de tranformer leur vie s'ils écoutaient de toute leur attention les simples conseils donnés à travers les codes d'éthique de toutes les religions. C'est le dur noyau d'égotisme, présent dans le cœur de la plupart des humains, qui les empêche de prêter une oreille attentive à la sagesse des siècles.

Paramahansa Yogananda
God Talks With Arjuna: The Bhagavad Gita

15 janvier — L'obéissance

L'obéissance au guru est nécessaire pour pouvoir se mettre en accord avec sa sagesse. Ce n'est point de l'esclavage que de suivre les volontés d'un guru de réalisation divine, parce que ses désirs procurent indépendance et liberté. Un véritable guru est le serviteur de Dieu exécutant Son plan pour votre libération. Prenez-en conscience et vous obéirez toujours jusqu'à trouver la parfaite liberté en l'Esprit.

Paramahansa Yogananda
Revue de la Self-Realization

16 janvier — L'obéissance

Sans réalisation divine, vous n'avez guère de liberté. Votre vie est régie par des impulsions, des caprices, des humeurs, des habitudes, ainsi que par votre environnement. En suivant les conseils d'un véritable guru et en acceptant sa discipline, vous vous dégagerez progressivement de l'esclavage des sens.

Paramahansa Yogananda
Ainsi parlait Paramahansa Yogananda

17 janvier — L'obéissance

Il m'est facile de semer les graines de l'amour de Dieu en ceux qui sont au diapason avec moi. Ceux qui obéissent à mes désirs n'obéissent en réalité pas à moi, mais au Père qui est en moi. Dieu ne parle pas directement à l'être humain, mais utilise le canal du guru et de son enseignement.

Paramahansa Yogananda
Revue de la Self-Realization

18 janvier — L'obéissance

Même les plus grands maîtres écoutent humblement leurs gurus parce que c'est la voie de la droiture.

> Paramahansa Yogananda
> *Revue de la Self-Realization*

19 janvier — L'obéissance

Quand vous n'avez pas envie d'exécuter une tâche, vous êtes fatigués avant de commencer et quand le cœur vous en dit, vous êtes pleins d'énergie. Par conséquent, travaillez toujours de bon cœur et vous constaterez que la puissance infatigable de Dieu vous alimentera.

Paramahansa Yogananda
Revue de la Self-Realization

20 janvier — L'introspection

Un autre secret pour réaliser des progrès est l'examen de soi. L'introspection est un miroir dans lequel vous pouvez voir les replis cachés de votre âme qui, autrement, vous échapperaient. Diagnostiquez vos échecs en séparant vos bons penchants d'avec les mauvais. Analysez ce que vous êtes, ce que vous voulez devenir et les défauts qui y font obstacle.

Paramahansa Yogananda
La loi du succès

21 janvier — L'introspection

Tout le monde devrait apprendre à s'analyser avec détachement. Chaque jour, mettez par écrit vos pensées et vos aspirations. Découvrez qui vous êtes – et non pas qui vous imaginez être ! – pour pouvoir devenir la personne que vous devriez être. La plupart des gens ne changent pas parce qu'ils ne voient pas leurs propres défauts.

Paramahansa Yogananda
La quête éternelle de l'homme

22 janvier — L'introspection

Efforcez-vous de devenir ce que vous devriez être, ce que vous voudriez être. En gardant votre esprit fixé sur Dieu et en vous mettant en harmonie avec Sa volonté, vous avancerez sur votre sentier d'un pas toujours plus sûr.

Paramahansa Yogananda
La loi du succès

23 janvier — L'introspection

Tenir un journal mental est une bonne idée. Chaque soir, avant d'aller vous coucher, asseyez-vous pendant quelques instants et examinez votre journée. Observez ce que vous êtes en train de devenir. Aimez-vous la direction que prend votre vie ? Si ce n'est pas le cas, changez-la.

Paramahansa Yogananda
Ainsi parlait Paramahansa Yogananda

24 janvier — L'introspection

Bien des gens excusent leurs propres fautes, mais jugent durement les autres. Il nous faut inverser cette attitude en pardonnant les imperfections d'autrui tout en analysant sans pitié les nôtres.

Paramahansa Yogananda
La loi du succès

25 janvier — L'introspection

Tout ce dont vous avez connaissance possède une vibration correspondante en vous-même. Une personne prompte à voir ce qui est mal chez les autres et à juger possède le germe de ce mal en elle-même. La personne d'orientation divine dont le taux vibratoire est pur et élevé est toujours consciente de l'étincelle divine dans tous ceux qui entrent en contact avec elle, et le magnétisme de sa vibration psychique fait monter en intensité cette force vibrante chez ceux qui entrent dans son espace vibratoire.

Paramahansa Yogananda
Leçons de la SRF

26 janvier — L'introspection

Si vous trouvez que de jour en jour vous devenez plus susceptible ou plus difficile ou plus cancanier, alors vous saurez que vous êtes en train de régresser. La meilleure preuve consiste à vous analyser afin de découvrir si vous êtes plus heureux aujourd'hui que vous ne l'étiez hier. Si vous sentez que vous êtes plus heureux aujourd'hui, vous êtes effectivement en train de progresser ; et ce sentiment de bonheur doit persister.

Paramahansa Yogananda
Leçons de la SRF

27 janvier — L'introspection

En général, il est plus ou moins facile d'analyser les autres et de les classer selon leur personnalité. Il est souvent plus difficile de diriger le projecteur sur soi en stricte honnêteté, mais c'est pourtant ce que vous devez faire pour déceler quelle amélioration ou quel changement vous est nécessaire. L'une des raisons de découvrir votre propre personnalité est de connaître la façon dont vous affectez autrui. Consciemment ou inconsciemment, les gens sentent votre personnalité, et leurs réactions sont autant de révélateurs.

Paramahansa Yogananda
Leçons de la SRF

28 janvier — L'introspection

Regardez en *vous*. Souvenez-vous que l'Infini est partout. En plongeant profondément dans la superconscience, foncez en esprit à travers l'éternité ; par le pouvoir de l'esprit, vous pouvez filer plus loin que l'étoile la plus éloignée. Le projecteur de l'esprit est parfaitement équipé pour projeter ses rayons superconscients au tréfonds de la Vérité. Utilisez-le pour ce faire.

Paramahansa Yogananda
La quête éternelle de l'homme

29 janvier — L'introspection

Quand vous agissez mal, vous le savez. Votre être tout entier vous le dit et ce sentiment est la voix de Dieu. Si vous ne L'écoutez pas, Il se tait tout simplement ; mais quand vous vous éveillez de nouveau à la spiritualité, Dieu recommence à vous guider. Il voit vos pensées et vos actions, les bonnes et les mauvaises, mais quoi que vous fassiez, vous serez toujours Son enfant.

Paramahansa Yogananda
Leçons de la SRF

30 janvier — L'introspection

Je me rappelle toujours cette vérité quand j'essaie mentalement de trouver un moyen d'esquiver quelque chose qui me semble trop difficile. Je me dis alors : « Je suis en train de fuir, non de vaincre. »

Sri Gyanamata
God Alone: The Life and Letters of a Saint

31 janvier — L'introspection

En suivant constamment la voix intérieure de votre conscience, laquelle est la voix de Dieu, vous deviendrez une personne vraiment vertueuse, un être hautement spirituel, un homme de paix.

> Paramahansa Yogananda,
> lors d'une conférence

1er février — Le renoncement intérieur

Jouir de la vie est bien naturel ; le secret du bonheur, c'est de ne s'attacher à rien. Enivrez-vous du parfum des fleurs, mais voyez Dieu en elles. J'ai conservé la conscience des sens uniquement pour que je puisse toujours voir Dieu et penser à Lui en les utilisant. « Mes yeux ont été faits pour voir partout Ta beauté. Mes oreilles ont été faites pour entendre Ta voix omniprésente. » C'est cela le yoga, l'union avec Dieu. Il n'est pas nécessaire de s'isoler au fond des bois pour pouvoir Le trouver. Où que nous soyons, les habitudes du monde s'agripperont à nous jusqu'à ce que nous nous en libérions. Le yogi apprend comment trouver Dieu dans la grotte du cœur. Où qu'il aille, il porte en lui la conscience bienheureuse que Dieu est présent.

Paramahansa Yogananda
La quête éternelle de l'homme

2 février — Le renoncement intérieur

S'engager dans l'action sans éprouver de désir pour ses fruits, voilà le véritable *tyaga* (renoncement). Dieu est le Divin Renonçant, car Il poursuit toutes les activités de l'univers sans s'y attacher. Quiconque aspire à la réalisation du Soi – fut-il moine ou chef de famille – doit agir et vivre pour le Seigneur sans s'impliquer émotionnellement dans le drame de Sa création.

Paramahansa Yogananda
God Talks With Arjuna: The Bhagavad Gita

3 février — Le renoncement intérieur

Les saints insistent sur le détachement, parce que si nous sommes trop attachés aux choses matérielles, cela risque de nous empêcher d'atteindre le royaume de Dieu tout entier. Renoncer ne signifie pas tout abandonner : cela veut dire abandonner les petits plaisirs pour la félicité éternelle.

Paramahansa Yogananda
Comment converser avec Dieu

4 février — Le renoncement intérieur

Le renoncement n'est pas un but en soi ; c'est le moyen d'atteindre un but. Le véritable renonçant est celui qui vit d'abord pour Dieu, quelle que soit sa façon extérieure de vivre. Aimer Dieu et vivre sa vie pour Lui plaire, voilà ce qui compte. Lorsque vous ferez cela, vous connaîtrez le Seigneur.

Paramahansa Yogananda
La quête éternelle de l'homme

5 février — Le renoncement intérieur

Au fond de votre cœur, renoncez à tout et prenez conscience de ce que vous ne faites que jouer un rôle dans la complexité du Film cosmique, un rôle qui, tôt ou tard, devra se terminer. Vous l'oublierez alors comme ayant été un rêve. Notre environnement produit en nous une illusion, celle de l'importance apparente de nos rôles présents et de nos épreuves actuelles. Élevez-vous au-dessus de cette conscience temporelle. Réalisez Dieu en vous, à tel point qu'Il devienne la seule influence dans votre vie.

Paramahansa Yogananda,
dans *Rajarsi Janakananda: A Great Western Yogi*

6 février — Le renoncement intérieur

Les paresseux ne trouvent jamais Dieu. Un esprit oisif devient l'atelier du diable. Mais ceux qui gagnent leur vie sans aucun désir pour le fruit de leur travail, car ils ne désirent que le Seigneur, sont de véritables renonçants.

Paramahansa Yogananda
Ainsi parlait Paramahansa Yogananda

7 février — Le renoncement intérieur

Le renoncement est le sage sentier où chemine le disciple qui abandonne volontiers l'infime pour le grandiose. Il délaisse les plaisirs éphémères des sens au bénéfice des joies éternelles. Le renoncement n'est pas une fin en soi, mais sert à libérer le terrain pour laisser les qualités de l'âme se manifester. Personne ne devrait craindre les rigueurs de l'abnégation ; les bénédictions spirituelles qui en découlent sont considérables, incomparables.

Paramahansa Yogananda
God Talks With Arjuna: The Bhagavad Gita

8 février — Le renoncement intérieur

Si par hasard il m'arrivait de ressentir un petit désir humain pour quelque chose que je ne pouvais pas avoir, la question suivante se présentait immédiatement à mon âme : « Qu'es-tu venu chercher ici [à l'ashram du Guru] ? » La réponse était toujours : « Dieu seul ! » En l'espace d'un instant, ma vision redevenait claire et dégagée. C'est cela qui a toujours constitué le socle inébranlable et irréfutable de mon engagement comme disciple.

Sri Gyanamata
God Alone: The Life and Letters of a Saint

9 février — Le renoncement intérieur

Le renoncement n'est pas négatif, mais positif. Ce n'est pas l'abandon de quoi que ce soit, hormis de la souffrance. On ne devrait pas penser au renoncement comme à une voie de sacrifice. C'est plutôt un investissement divin grâce auquel nos quelques centimes d'autodiscipline rapporteront un million de dollars spirituels. N'est-ce pas faire preuve de sagesse que de dépenser les pièces dorées de nos jours éphémères pour acheter l'Éternité ?

Paramahansa Yogananda
Ainsi parlait Paramahansa Yogananda

10 février — L'amour divin

Le Seigneur veut que nous échappions à ce monde illusoire. Il pleure sur nous car Il sait à quel point il nous est difficile de gagner Sa délivrance. Pourtant, vous n'avez qu'à vous rappeler que vous êtes Son enfant. Ne vous apitoyez pas sur votre sort. Dieu vous aime autant qu'Il aime Jésus et Krishna. Vous devez aspirer à Son amour, car celui-ci englobe la liberté éternelle, la joie sans fin et l'immortalité.

Paramahansa Yogananda
The Divine Romance

11 février — L'amour divin

La plus grande idylle est celle avec l'Infini. Vous n'imaginez pas à quel point la vie peut être belle. Lorsque soudain vous trouvez Dieu partout, lorsqu'Il vient, qu'Il vous parle et qu'Il vous guide, l'idylle de l'amour divin a commencé.

Paramahansa Yogananda
La quête éternelle de l'homme

12 février — L'amour divin

L'amour de Dieu est la seule réalité. Nous devons réaliser cet amour pour Dieu, qui est si grand, si joyeux que je ne sais même pas par où commencer pour vous dire combien il est merveilleux ! Les gens de ce monde pensent : « Je fais ceci, j'adore cela. » Pourtant, tout ce qu'ils font et tout ce dont ils jouissent connaîtra une fin inévitable. En revanche, la joie, l'amour de Dieu que je ressens est sans limites. On ne peut plus jamais l'oublier une fois qu'on y a goûté ; il est tellement grand qu'on ne voudra jamais le remplacer par autre chose. Ce que nous voulons tous en réalité, c'est l'amour de Dieu. Et vous l'obtiendrez en atteignant une réalisation plus profonde.

Rajarsi Janakananda,
dans *Rajarsi Janakananda: A Great Western Yogi*

13 février — L'amour divin

Dieu ne vous dira pas que c'est Lui que vous devez désirer par-dessus tout, parce qu'Il veut que vous Lui donniez votre amour sans qu'Il vous «souffle» de le faire. C'est là tout le secret du jeu de cet univers. Lui qui nous a créés soupire après notre amour. Il veut que nous le Lui donnions spontanément, sans qu'Il ait à nous le demander. Notre amour est la seule chose que Dieu ne possède pas, à moins qu'on ne choisisse de le Lui donner. Ainsi, voyez-vous, même le Seigneur a quelque chose à convoiter : notre amour. Et nous ne serons jamais heureux tant que nous le Lui refuserons.

Paramahansa Yogananda
Comment converser avec Dieu

(La Saint-Valentin)

Nul n'est plus proche, nul n'est plus tendre que Lui. Aimez-Le comme l'avare aime l'argent, comme l'amant désire son amante, comme le naufragé qui se noie aspire à respirer. Lorsque vous vous languirez de Dieu avec une intensité de la sorte, Il viendra à vous.

Paramahansa Yogananda
Ainsi parlait Paramahansa Yogananda

15 février — L'amour divin

Toutes mes questions ont reçu une réponse, non par des êtres humains, mais par Dieu. Il *est*, Il *existe*. C'est Son esprit qui vous parle à travers moi. C'est de Son amour que je parle. Frisson des frissons! Comme un doux zéphyr Son amour enveloppe l'âme. Nuit et jour, semaine après semaine, année après année, il va en grandissant, et vous ignorez où en est la fin. Et c'est cela que vous recherchez, chacune et chacun d'entre vous. Vous pensez vouloir l'amour humain et la prospérité, mais en arrière-plan, c'est votre Père qui vous appelle. Si vous réalisez qu'Il est plus grand que tous Ses dons, vous Le trouverez.

Paramahansa Yogananda
The Divine Romance

16 février — L'amour divin

Développez l'amour de Dieu de manière à ce que je voie dans vos yeux que vous êtes ivres de Lui et que vous ne vous posez pas la question : « Quand donc aurai-je Dieu ? » Si vous demandez cela, vous n'êtes pas un fidèle. Le fidèle dit : « Je L'ai déjà, Il est à mon écoute ; mon Bien-Aimé est toujours avec moi. C'est Lui qui fait bouger mes mains, c'est Lui qui assimile ma nourriture et c'est Lui qui, à travers Ses étoiles, me couve de son regard. »

Paramahansa Yogananda,
lors d'une conférence

17 février — L'amour divin

Si, dans l'obscurité, l'esprit jamais ne vacille, si l'amour et l'ardeur jamais ne faiblissent, c'est alors que vous vous apportez vous-même la preuve que vous possédez réellement l'amour de Dieu.

Sri Gyanamata
God Alone: The Life and Letters of a Saint

18 février — L'amour divin

Quand l'Éternel donna ce commandement : « Tu n'auras pas d'autres dieux devant Ma face. Tu ne te feras point d'image taillée » (Exode 20, 3-4), Il voulait dire que nous ne devons pas élever les objets de la création au-dessus du Créateur. Notre amour pour la nature, la famille, les amis, les devoirs et les possessions ne devrait pas occuper dans nos cœurs le trône suprême. Cette place appartient à *Dieu*.

Paramahansa Yogananda
Ainsi parlait Paramahansa Yogananda

19 février — L'amour divin

L'amour de Dieu est tellement englobant que, quelles que soient les fautes que nous ayons commises, Il nous pardonne. Si nous L'aimons de tout notre cœur, Il efface notre *karma*.

Paramahansa Yogananda
Revue de la Self-Realization Fellowship

Dieu vous comprend même lorsque plus personne ne vous comprend. Il est l'Amant qui vous chérit toujours, quelles que soient vos erreurs. Les autres vous donnent leur affection pendant un certain temps, puis vous oublient, mais Lui ne vous abandonne jamais.

Dieu recherche votre amour de maintes façons, chaque jour. Il ne vous punit pas si vous Le refusez, mais vous vous punissez vous-mêmes. Vous vous apercevez que « toutes choses trahissent celui qui Me trahit. »

Paramahansa Yogananda
Ainsi parlait Paramahansa Yogananda

21 février — L'amour divin

L'amour de Dieu ne peut être décrit. Toutefois, il peut être ressenti à mesure que le cœur se purifie et devient constant. Au fur et à mesure que vous dirigez votre esprit et vos sentiments vers l'intérieur, vous commencez à ressentir Sa joie. Les plaisirs des sens ne durent pas, mais la joie de Dieu perdure à jamais. Elle est incomparable !

Paramahansa Yogananda
The Divine Romance

22 février — L'humilité

L'orgueil rend aveugle, bannissant la vision d'immensité que les grandes âmes possèdent. L'humilité est l'écluse grande ouverte par laquelle le divin déluge de Grâce et de Force d'en-haut aime à se déverser dans les âmes réceptives.

Paramahansa Yogananda
Leçons de la SRF

23 février — L'humilité

L'humilité vient par la prise de conscience que Dieu est l'Auteur de toutes choses et non pas vous. Quand vous considérez cela, comment pouvez-vous être fiers de n'importe quelle réalisation ? Songez sans cesse que tout travail que vous accomplissez est fait par le Seigneur à travers vous.

Paramahansa Yogananda
Revue de la Self-Realization

24 février — L'humilité

Le plus grand des hommes est celui qui se considère être le dernier, comme Jésus l'a enseigné. Un vrai chef est celui qui a d'abord appris à obéir à d'autres, qui estime être le serviteur de tous et qui ne se place jamais sur un piédestal. Ceux qui recherchent la flatterie ne méritent pas notre admiration, mais celui qui nous sert a droit à notre amour. Dieu n'est-Il pas le serviteur de Ses enfants ? Demande-t-Il des louanges ? Non, Il est trop grand pour y être sensible.

Paramahansa Yogananda
Ainsi parlait Paramahansa Yogananda

25 février — L'humilité

Si votre position dans la vie est humble, n'en ayez pas honte. Soyez-en fiers, parce que vous vous acquittez de la tâche que le Père vous a confiée. Il a besoin de vous en cet emploi particulier, tout le monde ne pouvant jouer le même rôle. Tant que vous travaillerez avec le désir de plaire au Seigneur, toutes les forces cosmiques vous assisteront harmonieusement.

Paramahansa Yogananda
La loi du succès

26 février — L'humilité

Une parcelle de savoir est une chose dangereuse, car le disciple risque d'en concevoir de la vanité et de la suffisance, s'imaginant à tort qu'il *est* ce qu'il *sait*. Il y a un proverbe qui dit que l'orgueil précède la chute. Une personne narcissique a tendance à se dispenser de faire plus d'efforts… Seul un être qui n'est plus prisonnier du sentiment de sa propre importance gagne en spiritualité et s'enrichit jusqu'à devenir un avec Dieu.

Paramahansa Yogananda
God Talks With Arjuna: The Bhagavad Gita

27 février — L'humilité

L'humilité est la manifestation d'un cœur plein de compréhension et elle devient pour autrui un exemple de grandeur à imiter.

> Paramahansa Yogananda
> *Leçons de la SRF*

Les pluies de la miséricorde divine ne peuvent s'accumuler sur le sommet des montagnes de l'arrogance, mais elles s'écoulent aisément dans les vallées de l'humilité.

Paramahansa Yogananda
Ainsi parlait Paramahansa Yogananda

29 février — L'humilité

Ô Créateur de toutes choses! Dans le jardin de Tes rêves, permets-moi d'être une fleur radieuse. Ou puissé-je être une minuscule étoile accrochée au fil intemporel de Ton amour comme une perle scintillante dans le vaste collier de ton firmament!

Ou alors, accorde-moi le plus grand honneur: la place la plus humble dans Ton cœur. Depuis cette loge, j'assisterai à la création des plus nobles visions de la vie.

Paramahansa Yogananda
Whispers from Eternity

1er mars — La relation de guru à disciple

Quand vous faites preuve de constance dans les principes de la relation entre guru et disciple, la voie spirituelle devient très facile. Vous ne pouvez pas vous égarer. Peu importe à quel point l'illusion s'efforce de vous en écarter, le maître, ayant l'expérience de Dieu, sait ce qui ne va pas et vous aidera à vous remettre fermement sur le droit chemin. Voilà ce que le guru fait pour vous si vous êtes en parfait accord avec lui.

Paramahansa Yogananda
Journey to Self-realization

2 mars — La relation de guru à disciple

Les étudiants sont ceux qui suivent le maître plus ou moins superficiellement, picorant à leur gré dans ce qu'il offre. Mais le disciple se caractérise par son acceptation totale, de tout son cœur et de tout son esprit. Point n'est besoin de l'enjôler, car il s'engage de sa propre volonté et détermination. Il reste constant, dévoué et fervent jusqu'au bout, jusqu'à ce qu'il ait trouvé la liberté en Dieu.

Paramahansa Yogananda
*The Second Coming of Christ:
The Resurrection of the Christ Within You*

3 mars — La relation de guru à disciple

Les Maîtres, les Bons Pasteurs de ce monde descendent de leurs hauts lieux et donnent leur vie pour retrouver des disciples égarés dans les ténèbres. Ils les trouvent dans des endroits où règnent la désolation et les dangers, les réveillent, les hissent sur leurs épaules divines et les ramènent avec joie au bercail, les portant jusqu'à une place sûre. Ils les pourvoient en nourritures célestes et les désaltèrent d'eau vive, et quiconque en mange et en boit vivra éternellement. Ils leur confèrent le pouvoir de devenir fils de Dieu. Ils offrent leur propre vie jusqu'à la dernière parcelle de chair et la dernière goutte de sang pour la rédemption des brebis qui connaissent le son de leurs voix.

Sri Gyanamata
God Alone: The Life and Letters of a Saint

4 mars — La relation de guru à disciple

Il est du devoir du guru et du disciple d'être loyaux l'un envers l'autre, non seulement dans une vie, mais pendant plusieurs vies si celles-ci s'avèrent nécessaires pour atteindre Dieu. Ceux qui sont loyaux à cent pour cent envers un guru peuvent être certains de leur libération ultime et de leur ascension. On peut avoir plusieurs enseignants, mais seulement un guru, qui reste le guru même au fil de nombreuses vies différentes, jusqu'à ce que le disciple ait atteint le but final de l'émancipation en Dieu. Vous devez vous en souvenir, une fois que cette relation est établie.

Paramahansa Yogananda
Leçons de la SRF

5 mars — La relation de guru à disciple

La formation spirituelle que vous* m'avez donnée a été et est parfaite. Le guru ne peut être jugé – dût-il être pour le moins jugé – selon les règles qui s'appliquent à une amitié entre égaux. C'est une chose que j'ai toujours sue.

Sri Gyanamata
God Alone: The Life and Letters of a Saint

* Paramahansa Yogananda

6 mars — La relation de guru à disciple

L'amitié qui s'instaure entre le guru et le disciple est éternelle. Lorsqu'un disciple accepte l'enseignement d'un guru, il se livre entièrement à lui, sans obligation de le faire.

Paramahansa Yogananda
La quête éternelle de l'homme

7 mars — La relation de guru à disciple

Mahasamadhi de Paramahansa Yogananda

Mon corps doit trépasser, mais mon travail se poursuivra. Et mon esprit continuera à vivre. Même quand je serai parti, je travaillerai avec vous tous à la libération du monde par le message de Dieu. Préparez-vous à la gloire de Dieu. Remplissez-vous du feu de l'Esprit.

Paramahansa Yogananda
The Divine Romance

8 mars — La relation de guru à disciple

Swami Sri Yukteswar à son disciple Paramahansa Yogananda :

« Je serai ton ami à partir de maintenant et en toute éternité, où que tu sois, sur le plan mental le plus bas ou sur le plan le plus élevé de la sagesse.

« Je serai ton ami même si tu devais t'égarer, car alors tu aurais besoin de mon amitié encore plus qu'à tout autre moment. »

Swami Sri Yukteswar
Leçons de la SRF

9 mars — La relation de guru à disciple

Mahasamadhi de Swami Sri Yukteswar

Swami Sri Yukteswar à Paramahansa Yogananda devant qui il apparut en chair et en os le 19 juin 1936, plus de trois mois après son *mahasamadhi* (sortie du corps finale et consciente d'un grand yogi) : « Ne t'afflige plus à mon sujet […]. Toi et moi sourirons ensemble aussi longtemps que nos deux formes apparaîtront comme distinctes dans ce songe de Dieu qu'est *maya*. Un jour viendra enfin où nous fusionnerons pour ne faire plus qu'un dans le Bien-Aimé cosmique. Nos sourires seront alors Son sourire. Notre chant de joie vibrera à l'unisson à travers l'éternité pour être retransmis aux âmes réceptives à l'onde de Dieu ! »

Swami Sri Yukteswar,
dans *Autobiographie d'un yogi*

10 mars — La relation de guru à disciple

Mon guru m'a montré comment sculpter avec le ciseau de la sagesse pour faire de moi-même un temple prêt à accueillir la Présence de Dieu. Chaque homme peut faire de même s'il suit les préceptes des maîtres divinement illuminés.

Paramahansa Yogananda
Leçons de la SRF

11 mars — Le pouvoir de la volonté

Étant fait à l'image de Dieu, l'homme possède en lui-même le pouvoir tout-puissant de la volonté. Sa plus haute obligation est de découvrir, par la bonne façon de méditer, le moyen de se mettre en harmonie avec la volonté divine.

Paramahansa Yogananda
La loi du succès

12 mars — Le pouvoir de la volonté

Pour vous créer une volonté de fer, prenez la résolution d'accomplir quelques-uns des projets que vous pensiez ne jamais pouvoir exécuter en cette vie. Attaquez-vous d'abord à de simples tâches. Quand vous aurez pris confiance en vous-même et que votre volonté se sera affermie, vous pourrez envisager de réaliser des tâches plus difficiles. Assurez-vous que votre choix est bon, puis refusez d'admettre la défaite. Employez toute la force de votre volonté pour atteindre un seul objectif à la fois. Ne dispersez pas vos efforts et ne laissez aucune besogne inachevée avant d'en entreprendre une nouvelle.

Paramahansa Yogananda
La loi du succès

13 mars — Le pouvoir de la volonté

Quand sa volonté est gouvernée par l'erreur, l'être humain se fourvoie. Mais lorsque la volonté humaine est guidée par la sagesse, elle se met en accord avec la volonté divine. Les desseins que Dieu forme à notre sujet deviennent souvent obscurs à nos yeux du fait des tracas de l'existence. Nous perdons alors la liaison avec la voix intérieure qui pourrait nous diriger et nous empêcher de tomber dans un gouffre de souffrances.

Paramahansa Yogananda
La loi du succès

14 mars — Le pouvoir de la volonté

Vous devez toujours vous assurer, en vous retranchant dans le calme intérieur de votre Soi, que ce que vous désirez avoir est bon pour vous et en accord avec les desseins de Dieu. Vous pourrez ensuite mettre en œuvre toute la puissance de votre volonté pour atteindre votre objectif, en gardant toutefois votre esprit fixé sur la pensée de Dieu, car Il est la Source de tout pouvoir et de toute réalisation.

Paramahansa Yogananda
La loi du succès

15 mars — Le pouvoir de la volonté

L'esprit est à la source de toute création. Aussi doit-on le diriger à ne faire que le bien. Si, de toute la puissance de votre volonté, vous vous cramponnez à une idée, elle finira par prendre une forme extérieure tangible. Lorsque vous êtes capable d'employer toujours votre volonté à des fins constructives, vous devenez maître de votre destinée.

Paramahansa Yogananda
La loi du succès

16 mars — Le pouvoir de la volonté

Si vous vous servez de tous les moyens extérieurs qui sont à votre disposition ainsi que de toutes vos aptitudes naturelles pour surmonter chaque obstacle sur votre sentier, vous développerez les pouvoirs que Dieu vous a donnés, à savoir des pouvoirs illimités émanant des forces les plus profondes de votre être. Vous possédez le pouvoir de la pensée et le pouvoir de la volonté. À vous d'utiliser ces dons divins dans leur pleine mesure!

Paramahansa Yogananda
La loi du succès

17 mars — Le pouvoir de la volonté

Vous pouvez faire tout ce que vous décidez de faire. Dieu est la somme totale de toutes choses et Son image est en vous. Il peut tout faire, et vous aussi si vous apprenez à vous identifier à Sa nature inépuisable.

Paramahansa Yogananda
La quête éternelle de l'homme

18 mars — Le pouvoir de la volonté

Renforcez votre pouvoir de volonté de façon à ne pas être régi par les circonstances, mais à les régir.

Paramahansa Yogananda,
dans un *Paragramme*

19 mars — Le pouvoir de la volonté

Votre rôle consiste à éveiller votre désir de réaliser les objectifs qui en valent la peine. Ensuite, cravachez votre volonté pour qu'elle passe à l'action jusqu'à ce qu'elle ait pris la voie de sagesse qui vous est indiquée.

Paramahansa Yogananda
Leçons de la SRF

20 mars — Le pouvoir de la volonté

N'oubliez pas qu'en votre volonté réside la volonté toute-puissante de Dieu. Quand, devant une montagne de difficultés, vous refuserez d'abandonner, que votre esprit sera déterminé à continuer en dépit de tous les obstacles, alors vous constaterez que Dieu vous répondra.

Paramahansa Yogananda
Comment converser avec Dieu

21 mars — Les habitudes

Ce ne sont pas tellement vos inspirations éphémères ni même vos brillantes idées qui régissent votre vie, mais plutôt vos habitudes de pensées journalières.

Paramahansa Yogananda
La loi du succès

22 mars — Les habitudes

Les bonnes habitudes sont vos meilleures alliées ; préservez leur pouvoir en persévérant dans les bonnes actions. Les mauvaises habitudes sont vos pires ennemies ; elles vous incitent à adopter un comportement pernicieux, contraire à votre volonté. Elles sont nuisibles à votre vie physique, sociale, morale, mentale et spirituelle. Refusez de nourrir vos mauvaises habitudes, ne les alimentez pas en les doublant de mauvaises actions.

Paramahansa Yogananda
Affirmations scientifiques de guérison

23 mars — Les habitudes

Les bonnes comme les mauvaises habitudes ont besoin de temps pour acquérir un réel pouvoir. Les mauvaises habitudes acquises dans le passé peuvent être remplacées par de bonnes habitudes si vous cultivez les secondes avec patience.

Paramahansa Yogananda
Affirmations scientifiques de guérison

24 mars — Les habitudes

Une mauvaise habitude peut être rapidement changée. Une habitude est le résultat de la concentration de l'esprit. Vous avez l'habitude de penser d'une certaine manière. Pour former une nouvelle habitude qui soit bonne, il suffit de vous concentrer dans la direction opposée.

Paramahansa Yogananda
Ainsi parlait Paramahansa Yogananda

25 mars — Les habitudes

Les dures leçons quotidiennes vous montreront parfois clairement que les mauvaises habitudes alimentent l'arbre des intarissables désirs matériels, tandis que les bonnes habitudes nourrissent l'arbre des aspirations spirituelles. En concentrant tous vos efforts, vous devez progressivement cultiver l'arbre de la spiritualité afin qu'un jour vous puissiez récolter, mûri à point, le fruit de la réalisation du Soi.

Paramahansa Yogananda
La loi du succès

26 mars — Les habitudes

Faites attention à ce que vous choisissez consciemment de faire, car à moins que votre volonté ne soit très forte, c'est ce que vous devrez peut-être faire de façon compulsive et répétitive par le pouvoir de l'esprit subconscient qui influence les habitudes.

Paramahansa Yogananda
Leçons de la SRF

27 mars — Les habitudes

Les habitudes de pensées sont des aimants sur le plan mental qui attirent à vous certains objets, certaines personnes et certaines conditions. Pour éliminer une mauvaise habitude, évitez tout ce qui l'a provoquée et entretenue, sans toutefois lui donner trop d'importance dans votre zèle à vous en défaire. Puis, pour en détourner votre esprit, fixez-le sur quelque bonne habitude et cultivez celle-ci sans relâche, jusqu'à ce qu'elle fasse partie intégrante de votre personnalité.

Paramahansa Yogananda
La loi du succès

28 mars — Les habitudes

La vraie liberté consiste à accomplir toutes vos actions en accord avec un bon jugement et votre libre arbitre. Par exemple, mangez la nourriture qui vous convient et pas forcément celle dont vous avez pris l'habitude. Faites ce que vous devez faire et non pas ce qui vous est dicté par vos mauvaises habitudes.

Paramahansa Yogananda
Affirmations scientifiques de guérison

29 mars — Les habitudes

Ce n'est que lorsque vous aurez acquis la parfaite maîtrise de vous-même et la force de caractère nécessaire pour agir comme il le faut, même si vous n'en avez pas envie, que vous serez réellement une âme libre. Car c'est dans le pouvoir de la maîtrise de soi que réside le germe de la liberté éternelle.

Paramahansa Yogananda
La loi du succès

30 mars — Les habitudes

Ne continuez pas à vivre de la même vieille manière. Prenez la décision de faire quelque chose pour améliorer votre vie, puis passez à l'action. Changez votre état de conscience ; voilà tout ce qui est nécessaire.

Paramahansa Yogananda
Revue de la Self-Realization

31 mars — Les habitudes

Si vous êtes capable de vous affranchir de toutes sortes de mauvaises habitudes et de faire ce qui est bien par conviction profonde et non pas simplement parce que le mal amène la souffrance, alors vous progresserez réellement sur la voie de l'Esprit.

Paramahansa Yogananda
La loi du succès

PENSÉES POUR LA PÉRIODE PASCALE

La Crucifixion

Ô Christ, bien-aimé fils de Dieu ! Ton épreuve sur la croix fut une victoire immortelle de l'humilité sur la force, de l'âme sur la chair. Puisse Ton exemple ineffable nous encourager à porter vaillamment nos croix bien plus légères !

Ô incomparable Amant de l'humanité déchirée par l'erreur ! Dans d'innombrables cœurs, un monument invisible s'est élevé à la gloire d'un suprême miracle d'amour, – celui de Tes paroles : « Pardonne-leur, car ils ne savent pas ce qu'ils font ! »

Paramahansa Yogananda
Whispers from Eternity

La Résurrection

Père céleste, avec le Christ, je suis ressuscité du sépulcre de la chair à Ton omniprésence. Je suis ressuscité de l'étroitesse de l'affection familiale à la grandeur de l'amour pour toutes Tes créatures. Je suis ressuscité de l'ignorance à Ton éternelle sagesse. Je suis ressuscité de tout désir terrestre à un état en lequel je ne désire que Toi. Je suis ressuscité des ardents désirs de l'amour humain et me languis uniquement d'amour divin. Je ne fais plus qu'un avec le Christ, je ne fais plus qu'un avec Toi.

Paramahansa Yogananda
Revue de la Self-Realization

1er avril — La compassion

La compassion envers tous les êtres (*daya*) est nécessaire pour la réalisation divine, car Dieu lui-même déborde de cette qualité. Ceux qui ont le cœur tendre peuvent se mettre à la place des autres, ressentir leur souffrance et tenter de la soulager.

Paramahansa Yogananda
God Talks With Arjuna: The Bhagavad Gita

2 avril — La compassion

Ô Seigneur de Compassion, apprends-moi à verser des larmes d'amour pour tous les êtres. Puissé-je percevoir ceux-ci comme étant mon propre être, comme différentes expressions de mon Soi.

J'excuse facilement mes propres erreurs ; rien ne devrait donc m'empêcher de pardonner bien vite les manquements de mon prochain. Bénis-moi, ô Père, afin que je me garde d'infliger des critiques malvenues à mes compagnons. S'ils devaient me demander conseil pour tenter de se corriger eux-mêmes, puissé-je leur offrir des suggestions inspirées par Toi.

Paramahansa Yogananda
Whispers from Eternity

3 avril — La compassion

Chaque jour, essayez d'égayer et d'élever, comme vous le feriez pour vous-mêmes ou vos proches, tous ceux dans votre entourage qui se trouveraient souffrants, physiquement, mentalement ou spirituellement. Peu importe alors le rôle qui vous est imparti sur la scène de la vie ; vous aurez la certitude de l'avoir joué comme il se doit, sous la direction du Metteur en scène de toutes les destinées.

Paramahansa Yogananda
Leçons de la SRF

4 avril — La compassion

La divine lumière est cachée même dans le plus vicieux et le plus lugubre des humains, n'attendant que des conditions favorables pour pouvoir briller : que l'on fraye en bonne compagnie et que l'on soit possédé du désir de s'améliorer.

Nous Te rendons grâce de ce qu'aucun péché ne soit impardonnable, aucun vice insurmontable. Car le monde de la relativité ne contient pas d'absolus.

Guide-moi, ô Père des cieux, afin que j'éveille Tes enfants égarés à la conscience de leur pureté originelle, de leur immortalité et de leur céleste filiation.

Paramahansa Yogananda
Whispers from Eternity

5 avril — La compassion

Je verrai que celui qui se considère maintenant comme mon ennemi est véritablement mon frère divin, se cachant simplement derrière un voile d'incompréhension. Je lacérerai ce voile avec une dague d'amour de sorte que, devant mon humble attitude, pleine de compréhension et de pardon, il ne méprisera plus mes gestes de bonne volonté.

Paramahansa Yogananda
Méditations métaphysiques

6 avril — La compassion

Puisse la froide rudesse de certains m'inciter, par sa laideur, à m'embellir de bonté bienveillante.

Puisse l'âpre discours d'aucuns de mes semblables me rappeler d'user toujours de paroles de douceur. Et s'il prenait envie à de méchants esprits de me lancer des pierres, faites que je leur renvoie seulement des projectiles bourrés de bonne volonté.

À la façon d'un jasmin en tonnelle secouant une cascade de fleurs sur les mains-mêmes qui assènent des coups de hache sur ses racines, puissé-je déverser une floraison de pardons sur tous ceux qui me font sentir leur hostilité.

Paramahansa Yogananda
Whispers from Eternity

7 avril — La compassion

Puissé-je ne pas ajouter à l'ignorance des êtres malfaisants par mon intolérance ou mon esprit de vengeance. Seigneur, inspire-moi de les aider par mon pardon, mes prières, et par des larmes d'affection silencieuse.

Paramahansa Yogananda
Whispers from Eternity

8 avril — La compassion

Cherchez à accomplir des actions pleines d'audace et de charme, dédaignées par la majorité des gens. Prodiguez des trésors d'amour et de paix à tous ceux que les autres ont blessés de leur indifférence.

Paramahansa Yogananda
Leçons de la SRF

9 avril — La compassion

Comme les rayons de vie du soleil profitent à tous, ainsi devez-vous répandre des rayons d'espoir dans le cœur des malheureux et des laissés-pour-compte, raviver le courage dans le cœur des désespérés et rallumer une force nouvelle dans le cœur de ceux qui se croient voués à l'échec.

Paramahansa Yogananda,
dans un *Paragramme*

10 avril — La prière

Quand Dieu ne répond pas à vos prières, c'est parce que vous n'êtes pas convaincants. Si vous Lui offrez des semblants de prières arides, n'espérez pas attirer l'attention du Père céleste. La seule manière d'atteindre Dieu en priant, c'est par la persistance, la régularité et la profondeur de votre sincérité. Nettoyez votre esprit de toute négativité comme la peur, l'inquiétude et la colère, puis remplissez-le de pensées d'amour, de service et de joyeuse espérance. Dans le sanctuaire de votre cœur doit se trouver enchâssée une seule puissance, une seule joie, une seule paix, qui a pour nom Dieu.

Paramahansa Yogananda
À la source de la lumière

11 avril — La prière

Tout comme il est impossible de se faire entendre avec un microphone endommagé, vous ne pouvez émettre vos prières avec un microphone mental que des pensées constamment agitées ont détraqué. Il vous faut d'abord réparer votre poste émetteur mental en plongeant votre esprit dans un calme profond qui facilitera également le fonctionnement de votre poste récepteur, votre intuition. Vous serez alors capable non seulement de transmettre efficacement votre message à Dieu, mais encore de capter Sa réponse.

Paramahansa Yogananda
La loi du succès

12 avril — La prière

Plus que dans toute autre relation, on peut à bon droit et bien naturellement exiger une réponse de l'Esprit sous Son aspect de Mère divine. Dieu est contraint de répondre à un tel appel ; car la mère est par essence amour et pardon, son enfant fut-il le plus grand des pécheurs. L'amour entre la mère et l'enfant est la plus belle forme d'amour humain que le Seigneur nous ait donnée.

Paramahansa Yogananda
Comment converser avec Dieu

13 avril — La prière

Bien que Dieu entende toutes nos prières, Il ne répond pas toujours. Notre situation ressemble à celle d'un enfant qui réclame la présence de sa mère, laquelle ne juge pas nécessaire de venir. Elle lui envoie donc un jouet pour qu'il se tienne tranquille. Mais quand l'enfant refuse d'être consolé par autre chose que la présence de sa mère, elle vient. Si vous voulez connaître Dieu, vous devez faire comme cet enfant têtu qui pleure après sa mère jusqu'à ce qu'elle arrive.

Paramahansa Yogananda
Comment converser avec Dieu

14 avril — La prière

Vous ne pouvez pas simplement vous asseoir et attendre que le succès vous tombe du ciel ; une fois que votre ligne de conduite est définie et que votre volonté s'est affermie, vous devez faire l'effort pratique nécessaire. Alors vous verrez que tout ce dont vous avez besoin pour réussir viendra à vous. Tout vous poussera dans la bonne direction. La réponse à vos prières se trouve dans votre force de volonté lorsqu'elle est divinement rechargée. Quand vous faites usage de ce pouvoir, vous ouvrez la voie par laquelle vos prières peuvent être exaucées.

Paramahansa Yogananda
La quête éternelle de l'homme

15 avril — La prière

Dans la chapelle, j'étais agenouillée en prière, toute à la pensée d'une chose qui se présentait dans ma vie et qui me remplissait d'appréhension. Je savais qu'il n'était pas dans la volonté de Dieu que je sois épargnée par cette expérience. Même en ces instants, je la sentais se rapprocher. Soudain, Dieu me révéla la prière qu'Il écouterait volontiers, et je me surpris à Lui dire aussitôt : « Ne change aucune circonstance de ma vie ; change-*moi* ! »

Sri Gyanamata
God Alone: The Life and Letters of a Saint

16 avril — La prière

Si vous attendez de Dieu qu'Il vous réponde, votre demande doit être vigoureuse ; toute prière à laquelle on ne croit qu'à moitié est insuffisante. Si vous vous dites : « Il *va* parler avec moi », et si vous refusez de croire le contraire, quel que soit le nombre d'années pendant lesquelles Il ne vous a pas répondu, si vous continuez à avoir confiance en Lui, un jour Il vous répondra.

Paramahansa Yogananda
Comment converser avec Dieu

17 avril — La prière

Si, une fois seulement, vous pouvez « rompre le pain » avec le Seigneur et briser Son silence, Il parlera souvent avec vous. Mais au début, c'est très difficile ; il n'est pas aisé de lier connaissance avec Dieu, parce qu'Il veut être sûr que vous désirez vraiment Le connaître. Il vous envoie des épreuves pour voir si c'est Lui que vous voulez ou bien autre chose. Il ne vous parlera pas tant que vous ne L'aurez pas convaincu que vous n'avez pas d'autre désir caché en votre cœur. Pourquoi devrait-Il Se révéler à vous, si votre cœur est tout empli de désirs pour Ses dons matériels ?

Paramahansa Yogananda
Comment converser avec Dieu

18 avril — La prière

La meilleure ligne d'action consiste à prier : « Seigneur, rends-moi heureux par le fait d'être conscient de Toi. Libère-moi de tous les désirs terrestres et, par-dessus tout, donne-moi Ta joie, celle qui survit à toutes les expériences heureuses et tristes de la vie. »

Paramahansa Yogananda
La quête éternelle de l'homme

19 avril — La prière

Il existe une réponse qui couvrira toutes vos questions : tournez-vous vers Dieu et imprégnez votre conscience de la certitude qu'Il est parfait. Laissez votre faiblesse se fondre dans la pensée totalement adoratrice de Sa force. Il n'est pas nécessaire d'expliquer les choses à Dieu, car Il connaît votre besoin avant que vous ne le prononciez et Il est plus prompt à donner que vous n'êtes disposé à demander. Lorsque vous méditez, détournez-vous de tout pour vous absorber entièrement dans la seule pensée que Sa présence vous enveloppe. De cette façon, vous deviendrez réceptifs et la guérison se répandra dans votre corps, votre esprit et votre âme.

Sœur Gyanamata
God Alone: The Life and Letters of a Saint

La loi superconsciente du succès est mise en œuvre par les prières de l'homme et grâce à sa compréhension de la toute-puissance du Seigneur. N'interrompez pas vos efforts conscients et ne vous appuyez pas uniquement sur vos capacités naturelles, mais demandez l'aide divine dans tout ce que vous faites.

Paramahansa Yogananda
Affirmations scientifiques de guérison

21 avril — Le bonheur

Alors que je subissais une infortune, j'entendis Ta voix me dire : « Le soleil de Ma protection brille tout autant sur tes heures les plus radieuses que sur les plus sombres. Garde ta foi et ton sourire ! La tristesse est une offense à la nature de félicité de l'Esprit. Laisse Ma lumière qui transfigure la vie transparaître dans tes sourires. En étant heureux, Mon enfant, tu Me fais plaisir. »

Paramahansa Yogananda
Whispers from Eternity

22 avril — Le bonheur

Rappelez-vous que quand vous êtes malheureux, c'est généralement parce que vous ne visualisez pas avec assez de force les grandes choses que vous avez décidé d'accomplir dans la vie et que vous ne maintenez pas avec assez de ténacité le pouvoir de votre volonté, allié à votre capacité de créer et à votre patience, jusqu'à ce que vos rêves se matérialisent.

Paramahansa Yogananda
Leçons de la SRF

Quoique le bonheur, jusqu'à un certain point, dépende de conditions extérieures, il résulte avant tout de votre état d'esprit. Pour être heureux, vous devez, certes, avoir une bonne santé, l'esprit bien équilibré, une vie prospère, le travail qu'il vous faut, un cœur reconnaissant et, surtout, la sagesse ou connaissance de Dieu.

Paramahansa Yogananda
La loi du succès

24 avril — Le bonheur

Le rire du Dieu infini doit vibrer à travers votre sourire. Laissez la brise de Son amour diffuser vos sourires dans le cœur de vos semblables. Ces sourires se répandront comme un feu de poudre.

Paramahansa Yogananda
Leçons de la SRF

25 avril — Le bonheur

Vous avez le pouvoir de vous faire du bien ou de vous faire du mal… Si vous ne choisissez pas d'être heureux, personne ne pourra vous rendre heureux. Ne blâmez donc pas Dieu pour cet état de fait ! Car si vous choisissez d'être heureux, nul ne peut vous rendre malheureux… C'est nous qui faisons de la vie ce qu'elle est.

Paramahansa Yogananda
Leçons de la SRF

26 avril — Le bonheur

Si vous êtes fermement déterminé à être heureux, il vous sera plus facile de le devenir. N'attendez pas que les circonstances vous sourient, dans l'idée erronée qu'elles sont la cause de vos difficultés.

N'érigez pas l'absence de bonheur en un état chronique, car cette habitude vous plongerait dans l'affliction ainsi que vos compagnons. C'est une bénédiction que d'être heureux, pour vous comme pour autrui.

Si vous avez le bonheur, vous avez tout. Être heureux, c'est être en accord avec Dieu. Comment s'acquiert ce pouvoir d'être heureux ? Il s'obtient par la méditation.

Paramahansa Yogananda
La loi du succès

27 avril — Le bonheur

Au lieu de toujours rechercher votre propre bonheur, essayez de rendre les autres heureux. Vous verrez qu'en étant au service spirituel, mental et matériel d'autrui, vous comblerez vos propres besoins. Oubliant votre *moi* au service de votre prochain, vous constaterez que, sans que vous ne vous y attendiez, la coupe de votre bonheur se sera remplie à ras bord.

Paramahansa Yogananda
Leçons de la SRF

28 avril — Le bonheur

Ne pensez pas qu'une bribe de joie issue du silence est suffisante. La *joie* est plus que cela. Supposez, par exemple, qu'on vous ait puni en vous interdisant d'aller dormir alors que vous aviez cruellement besoin de sommeil, puis que, tout à coup, on vous annonce : « C'est bon, maintenant vous avez le droit d'aller dormir ! » Pensez à la *joie* que vous ressentiriez alors, juste au moment de sombrer dans un doux sommeil. Multipliez-la par un million ! Cela ne décrirait toujours pas la *joie* ressentie dans la communion avec Dieu.

Paramahansa Yogananda
Leçons de la SRF

29 avril — **Le bonheur**

Le véritable bonheur ne vient que lorsque votre volonté est guidée par la discrimination de l'âme à choisir le bien au lieu du mal, en tout moment et en tout lieu, parce que vous voulez vraiment le bien en lui-même. C'est alors que vous serez réellement libres.

Paramahansa Yogananda
Leçons de la SRF

30 avril — Le bonheur

Chaque jour, je rechercherai de plus en plus le bonheur dans ma conscience et de moins en moins dans le plaisir matériel.

Paramahansa Yogananda
Affirmations scientifiques de guérison

PENSÉE SPÉCIALE POUR LE MOIS DE MAI

Fête des Mères

En Inde, nous aimons parler de Dieu comme étant la Mère divine, car une véritable mère est plus tendre et plus indulgente qu'un père. La mère est une expression de l'amour inconditionnel de Dieu. Les mères ont été créées par Dieu pour nous montrer qu'Il nous aime, avec ou sans raison. Chaque femme est pour moi une représentante de la Mère. Je vois la Mère cosmique en toutes. Ce que je trouve le plus admirable chez une femme, c'est son amour maternel.

Paramahansa Yogananda
La quête éternelle de l'homme

1er mai — La loyauté

La seule façon d'atteindre le salut consiste à être totalement loyal envers Dieu. La vie est un rêve qui vous sera pris un jour ; la seule chose qui soit réelle est l'amour de Dieu, et rien d'autre. Toutes les autres ne sont que des rêves illusoires. Donc, prenez vos distances ! À chaque instant, je vois à quel point cela est nécessaire. Dieu m'ayant attelé au travail de la SRF, je Lui dis : « Je travaillerai uniquement pour Toi ! » Je sens alors en moi Sa joie suprême.

Paramahansa Yogananda
The Divine Romance

2 mai — La loyauté

Vous devez faire l'effort de plaire d'abord à Dieu. Il est impossible de plaire à tout le monde. J'essaie de ne jamais déplaire à qui que ce soit. Je fais de mon mieux et c'est tout ce que je peux faire. Mon premier objectif est de plaire à Dieu. J'utilise mes mains pour prier en adoration devant Lui, mes pieds pour Le chercher partout, mon esprit pour penser à Lui comme étant toujours présent. Chaque pensée doit être un trône permettant à Dieu de prendre place, – Dieu en tant que paix, Dieu en tant qu'amour, Dieu en tant que bonté, Dieu en tant que compréhension, Dieu en tant que compassion, Dieu en tant que sagesse. Je ne suis venu vers vous que pour vous dire cela. Rien d'autre.

Paramahansa Yogananda
La quête éternelle de l'homme

3 mai — La loyauté

Chez ceux dotés de réceptivité sur le plan spirituel, la loyauté envers le guru s'élève spontanément dès lors que leur cœur de disciple est baigné dans l'aura d'amour inconditionnel du guru. L'âme sait qu'elle a enfin trouvé un véritable ami, conseiller et guide. Le disciple s'applique donc à rendre au guru cet amour inconditionnel, en particulier quand celui-ci est éprouvé, tout comme la foi et la loyauté des disciples de Jésus furent souvent soumises à l'épreuve de l'incompréhension. Beaucoup se pressaient autour de Jésus lors des festivités et des sermons, mais comme ils étaient peu sous la croix !

Paramahansa Yogananda
The Second Coming of Christ:
The Resurrection of the Christ Within You

4 mai — La loyauté

Je fais ce vœu sacré : jamais le soleil de mon amour ne descendra-t-il sous l'horizon de ma pensée toute à Toi ! Jamais mes yeux n'abaisseront leur regard levé pour ailleurs que sur Toi le placer ! Jamais ne ferai-je quoi que ce soit qui ne serait pas en lien avec Toi !

Paramahansa Yogananda
Whispers from Eternity

5 mai — La loyauté

Anniversaire de Rajarsi Janakananda

En 1953, prenant la parole au cours d'une convocation des étudiants de la Self-Realization Fellowship, Rajarsi dit :

« Tout ce que j'ai à vous donner est l'esprit du Maître et de Dieu. Je n'ai rien de plus à dire, rien de plus à faire que de réaliser les souhaits que le Maître avait pour ce grand mouvement. Et ce qu'il accomplit pour vous en ces jours n'est pas de moi. Je ne suis que son "tout-petit" comme il disait et je ne serai jamais plus qu'un tout-petit, car tout viendra toujours du Maître, Paramahansaji, qui est ma vie et ma bénédiction pour vous tous. »

Rajarsi Janakananda,
dans *Rajarsi Janakananda: A Great Western Yogi*

6 mai — La loyauté

Les vrais fidèles se font parfois traiter de fanatiques à cause de la dévotion qu'ils Lui portent. La seule bonne forme de fanatisme est la loyauté envers Dieu, cette attitude qui consiste à penser à Lui nuit et jour, nuit et jour. Sans ce degré de loyauté, il est impossible de trouver Dieu. Ceux qui ne manquent jamais leur *kriya*, qui passent beaucoup de temps à méditer et qui prient Dieu avec ferveur, découvriront le trésor qu'ils convoitent.

Paramahansa Yogananda
La quête éternelle de l'homme

7 mai — La loyauté

Ne vacillez plus… Suivez la vérité que Dieu vous envoie par la Self-Realization Fellowship et vous serez à jamais bénis. Dieu vous appelle en permanence au son de la flûte de mon cœur. Écoutez mon appel pressant – et ne soyez pas sourds à Dieu ! Nos corps peuvent périr, mais que nos âmes scintillent à jamais comme des étoiles éternelles dans le cœur de Dieu.

Paramahansa Yogananda
The Divine Romance

8 mai — La loyauté

Vous constaterez que tout vous trahit si vous trahissez votre loyauté envers Dieu. Ne laissez donc aucune goutte d'huile s'échapper de la lampe de votre attention, que ce soit dans le sanctuaire du silence intérieur pendant que vous méditez chaque jour ou lorsque vous accomplissez soigneusement vos tâches dans le monde.

Paramahansa Yogananda
La quête éternelle de l'homme

9 mai — La loyauté

Dieu est présent de la même manière en tous, mais Il s'exprime très certainement dans le cœur de celui qui, spirituel et loyal, ne pense qu'à Lui. C'est par votre loyauté envers Dieu que vous pourrez établir votre unité avec Lui. La loyauté attire l'attention de Dieu. Ainsi, lorsque les nuages annonciateurs des tempêtes de la vie s'amoncelleront et que vous serez ballotés par les vagues des épreuves, du fait que vous serez conscients de Son omniprésence vous saurez guider d'une main sûre la barque de votre vie vers les rivages divins.

Paramahansa Yogananda,
dans un *Paragramme*

10 mai — La loyauté

Anniversaire de Swami Sri Yukteswar

Être en compagnie du guru ne signifie pas seulement se trouver en sa présence physique (ce qui est parfois impossible), mais c'est surtout le garder dans notre cœur, être fondamentalement un avec lui et s'accorder intérieurement avec lui en toutes choses.

Swami Sri Yukteswar
La science sacrée

11 mai — Le discernement

Souvenez-vous que trouver Dieu équivaudra à enterrer définitivement tous vos malheurs.

Swami Sri Yukteswar,
dans *Autobiographie d'un yogi*

12 mai — Le discernement

Béatitude ne signifie pas hébétude ! Les perceptions divines ne sont pas invalidantes. Exprimer la vertu par l'action suscite la plus vive intelligence.

Swami Sri Yukteswar,
dans *Autobiographie d'un yogi*

13 mai — Le discernement

L'attachement rend aveugle ; il pare l'objet de notre désir d'un halo de qualités imaginaires.

Swami Sri Yukteswar,
dans *Autobiographie d'un yogi*

14 mai — Le discernement

À ceux qui sont ainsi liés avec Moi pour toujours et qui me vénèrent avec amour, je confère cette sagesse discriminative (*buddhi yoga*) grâce à laquelle ils parviennent totalement jusqu'à Moi.

Bhagavan Krishna,
dans la *Bhagavad Gita*

15 mai — Le discernement

Vos bonnes habitudes vous aident dans les situations ordinaires et familières, mais elles peuvent ne pas suffire à vous guider lorsqu'un problème nouveau surgit. C'est alors que le discernement devient nécessaire.

L'être humain n'est pas un automate, c'est pourquoi il ne peut pas toujours vivre avec sagesse en suivant simplement des règles établies et des préceptes moraux rigides. Dans la grande variété de problèmes et d'évènements quotidiens, nous trouvons tout un champ d'action pour développer notre bon jugement.

Paramahansa Yogananda
Ainsi parlait Paramahansa Yogananda

16 mai — Le discernement

N'affichez pas tous vos secrets par souci d'honnêteté. Si vous racontez vos faiblesses à des gens sans scrupules, ils prendront un malin plaisir à se moquer de vous dès que se présentera une occasion de vous blesser. Pourquoi devriez-vous leur fournir les « munitions » de surcroît ? Parlez et agissez de manière à favoriser un bonheur durable pour vous-même et pour les autres.

Paramahansa Yogananda
Leçons de la SRF

17 mai — Le discernement

Lorsqu'elle est dépourvue de sincérité et de conviction, la fidélité envers un rite spirituel n'est qu'hypocrisie, tandis que la fidélité à l'esprit d'un rite, même si l'on n'est guère attaché à la forme de celui-ci, est sagesse. Mais s'il n'y a de fidélité spirituelle ni à un rite, ni à un principe, ni à un maître, c'est dégénérescence spirituelle. Rangez-vous du côté de Dieu et de Son serviteur et vous verrez Sa main œuvrer en toutes choses.

Paramahansa Yogananda
Revue de la Self-Realization

18 mai — Le discernement

Ne ressassez pas sans cesse vos problèmes. Laissez de temps à autre votre esprit en repos. Il se peut que les solutions viennent d'elles-mêmes. Mais ne restez pas inactif au point de perdre votre discernement ! Profitez plutôt de ces périodes de calme pour plonger profondément en vous-même, dans les eaux profondes et tranquilles du Soi.

Paramahansa Yogananda
La loi du succès

19 mai — Le discernement

Gardez toujours votre esprit de discernement en alerte. Évitez les choses qui ne vous seront pas profitables. Et ne passez jamais votre temps dans l'oisiveté.

Paramahansa Yogananda,
lors d'une conférence

20 mai — Le discernement

Lorsque l'être humain devient quelque peu éclairé, il compare ses expériences relatives à la création matérielle, amassées à l'état de veille, avec ses expériences oniriques. Puis comprenant que les secondes ne sont que des idées, il commence à entretenir des doutes quant à l'existence certaine des premières. Son cœur devient alors avide de connaître la vraie nature de l'univers et, s'acharnant à dissiper ses doutes, il se met en quête de preuves pour découvrir où se situe la vérité. En cet état, l'être humain est appelé *kshatriya* (du nom de l'une des castes militaires). Être en lutte de la façon décrite devient son devoir naturel dont l'exercice lui permet de gagner un aperçu de la nature de la création, voire d'en atteindre la véritable connaissance.

Swami Sri Yukteswar
La science sacrée

21 mai — La sagesse

La plus grande des sagesses, c'est de chercher Dieu. La plus grande des réussites, c'est de trouver Dieu.

Paramahansa Yogananda
La loi du succès

Ce n'est pas en vous bourrant le crâne de choses extérieures que vous pourrez prétendre à la sagesse. C'est le pouvoir et le degré de votre réceptivité intérieure qui déterminent dans quelle mesure vous pouvez atteindre la connaissance véritable, et à quel rythme.

Paramahansa Yogananda,
dans un *Paragramme*

23 mai — La sagesse

Il n'est pas nécessaire de passer par toutes sortes d'expériences humaines pour atteindre cette ultime sagesse. Vous devriez pouvoir apprendre en étudiant les vies d'autres personnes. Pourquoi vous enchevêtrer dans le tourbillon sans fin des événements pour découvrir que rien dans ce monde ne pourra jamais vous rendre heureux ?

Paramahansa Yogananda
La quête éternelle de l'homme

La vie est un vrai chef-d'œuvre écrit par Dieu, et l'être humain deviendrait fou s'il essayait de la comprendre uniquement par la raison. C'est pourquoi je vous dis de méditer davantage. Élargissez la coupe magique de votre intuition et vous serez alors en mesure de contenir l'océan de sagesse infinie.

Paramahansa Yogananda
Ainsi parlait Paramahansa Yogananda

La chose la plus efficace que vous puissiez faire pour cultiver la véritable sagesse est de pratiquer la conscience de ce monde comme si c'était un rêve. Si l'échec se présente, dites-vous : « C'est un rêve. » Puis effacez la pensée d'échec de votre esprit. Pris dans des situations négatives, pratiquez l'opposition : pensez et agissez de façon positive et constructive.

Paramahansa Yogananda
La quête éternelle de l'homme

En posant votre regard sur la création qui semble si solide et réelle, souvenez-vous toujours de la considérer comme constituée des idées de l'esprit de Dieu, figées en des formes physiques.

Paramahansa Yogananda
Leçons de la SRF

Votre véritable personnalité commence à se développer quand vous parvenez, par intuition profonde, à sentir que vous n'êtes pas ce corps solide, mais que vous êtes le courant divin éternel de Vie et de Conscience qui passe à l'intérieur du corps.

Paramahansa Yogananda
La quête éternelle de l'homme

Les *rishis* ont écrit en une phrase des vérités si profondes que les érudits n'en finissent pas de les commenter au fil des générations. Aux esprits paresseux les interminables controverses littéraires ! Y-a-t'il une pensée qui libère plus rapidement que « Dieu existe », voire « Dieu » tout court ?

Swami Sri Yukteswar,
dans *Autobiographie d'un yogi*

C'est pourquoi, quiconque entend ces paroles que je dis et les met en pratique, sera semblable à un homme avisé qui a bâti sa maison sur le roc. La pluie est tombée, les torrents sont venus, les vents ont soufflé et se sont jetés contre cette maison : elle n'est point tombée, parce qu'elle était fondée sur le roc.

Jésus-Christ,
dans le *Nouveau Testament*

Vous devriez vous prendre quelques instants tous les jours pour vous asseoir en silence et affirmer avec une conviction profonde : « Je n'ai ni naissance, ni mort, ni caste. Je n'ai ni père, ni mère. Je suis Esprit divin, béni soit-Il. Je suis le Bonheur infini. » Si vous répétez sans cesse ces pensées, jour et nuit, vous réaliserez finalement ce que vous êtes vraiment : une âme immortelle.

Paramahansa Yogananda
La quête éternelle de l'homme

Le malheur, la maladie et l'échec sont les résultats naturels des transgressions des lois divines. La sagesse consiste à éviter de telles violations et à trouver la paix et le bonheur en vous, grâce aux pensées et actions qui sont en harmonie avec votre Soi véritable. Gouvernez sagement votre esprit en vous concentrant sur les aspects positifs de la vie.

Ne vous contentez pas de quelques gouttes de sagesse provenant de sources terrestres peu abondantes ; recherchez plutôt la sagesse sans commune mesure émanant en toute abondance et toute générosité des mains de Dieu.

Paramahansa Yogananda,
dans un *Paragramme*

PENSÉE SPÉCIALE POUR LE MOIS DE JUIN

Fête des Pères

En créant cet univers, Dieu révéla deux aspects : l'aspect masculin ou paternel et l'aspect féminin ou maternel. Si vous fermez les yeux et si vous visualisez l'espace infini, vous serez submergé et fasciné, ne ressentant que pure sagesse. Cette sphère cachée, infinie, où ni la création, ni les étoiles, ni les planètes n'existent, où seule existe la pure sagesse, est le Père.

Paramahansa Yogananda
La quête éternelle de l'homme

1er juin — La paix

Concentrez toute votre attention entre les sourcils [comme en méditation] sur le lac sans rivages de votre paix intérieure. Observez les ondes de paix qui se propagent autour de vous en des cercles éternels. Plus vous les observerez avec attention, plus vous sentirez les vaguelettes de paix se répandre des sourcils à tout votre front, du front à votre cœur et du cœur à toutes les cellules de votre corps. Maintenant, les eaux de paix submergent les rives de votre corps et inondent le vaste territoire de votre esprit. Puis ce flot de paix dépasse les frontières de votre esprit et se répand dans toutes les directions à l'infini.

Paramahansa Yogananda
Méditations métaphysiques

2 juin — La paix

La paix se trouve si l'on s'abandonne au bien par le biais de la ferveur. Les personnes qui sont d'un naturel aimant, qui pratiquent l'immobilité, qui se plaisent dans la méditation et les bonnes actions, sont les véritables êtres de paix. La paix est l'autel de Dieu, la condition en laquelle le bonheur existe.

Paramahansa Yogananda
Leçons de la SRF

3 juin — La paix

Vivez entièrement chaque moment présent et l'avenir saura prendre soin de lui-même. Profitez pleinement de l'émerveillement et de la beauté de chaque instant. Pratiquez la présence de la paix. Plus vous le ferez, plus vous sentirez la présence de ce pouvoir dans votre vie.

Paramahansa Yogananda
Leçons de la SRF

4 juin — La paix

La personne qui est en paix reste calme jusqu'à ce qu'elle soit prête à agir ; c'est alors qu'elle se lance dans l'action. Dès qu'elle a fini, elle se recentre sur son calme intérieur. Vous devriez toujours être calme, comme le pendule quand il est immobile, mais également être prêt à vous lancer avec vigueur dans l'action dès que cela est nécessaire.

Paramahansa Yogananda
Leçons de la SRF

5 juin — La paix

Affirmez la paix et le calme divins et n'émettez que des pensées d'amour et de bonne volonté si vous désirez vivre dans la paix et l'harmonie. Menez vous-même une vie de piété et tous ceux qui croiseront votre route recevront de l'aide par le seul fait d'être avec vous.

Paramahansa Yogananda
Leçons de la SRF

6 juin — La paix

Être sous la domination de ses humeurs, c'est appartenir au règne de la matière. Si vous êtes fermement résolu à ne jamais vous départir de votre paix, alors vous pourrez réaliser votre divinité. En votre for intérieur, gardez un endroit secret où vous ne laisserez entrer ni humeurs, ni épreuves, ni luttes, ni discordes. Défendez-en l'accès à toute haine et toute vengeance, sans oublier les désirs. Dans cet espace de paix, Dieu viendra vous rendre visite.

Paramahansa Yogananda
Leçons de la SRF

7 juin — La paix

Quand vous manifestez la paix en chaque mouvement de votre corps, la paix en vos pensées et en votre volonté, la paix en votre amour, et la paix et Dieu en vos ambitions, sachez bien que vous avez relié votre vie à Dieu.

Paramahansa Yogananda
Leçons de la SRF

Soyez honnêtes envers vous-mêmes. Le monde n'est pas honnête envers vous. Le monde aime l'hypocrisie. Quand vous êtes honnête envers vous-même, vous trouvez le chemin de la paix intérieure.

Paramahansa Yogananda,
lors d'une conférence

9 juin — La paix

Quand le fait de rendre les autres heureux en leur donnant la paix divine nous comblera de joie, alors nous saurons que Dieu s'exprime Lui-même à travers nous.

Paramahansa Yogananda,
dans un *Paragramme*

10 juin — La paix

Chaque fois qu'une foule de problèmes envahit votre esprit, refusez d'en être affecté. Restez calme pendant que vous en cherchez la solution. Diffusez sur vos inquiétudes, comme on le ferait d'une solution chimique, la puissante brume de votre paix intérieure.

Paramahansa Yogananda,
dans un *Paragramme*

11 juin — L'expansion

Chaque minute est éternité parce que l'éternité peut être ressentie en cette minute même. Chaque minute, chaque jour et chaque heure sont une fenêtre par laquelle vous pouvez entrevoir l'éternité. La vie est brève et pourtant, elle est interminable. L'âme est éternelle, mais durant la courte saison de cette vie, bien vous en prendrait de récolter le plus d'immortalité possible.

Paramahansa Yogananda
Leçons de la SRF

12 juin — L'expansion

Tout est Dieu. Cette pièce même et l'univers flottent comme un film sur l'écran de ma conscience... Je regarde cette pièce et ne vois rien d'autre que le pur Esprit, la pure Lumière, la pure Joie... Les représentations de mon corps et de vos corps, et de toutes les choses en ce monde, ne sont que des rayons de lumière émanant de cette Lumière unique et sacrée. Et tandis que je contemple cette Lumière, je ne perçois rien d'autre que le pur Esprit en tout et partout.

Paramahansa Yogananda,
s'adressant à des disciples à l'ermitage de la SRF,
Encinitas, Californie

13 juin — L'expansion

L'éternité baille devant moi, en bas, en haut, à gauche et à droite, en avant et en arrière, à l'intérieur et à l'extérieur de mon être. Les yeux ouverts, je ne vois de moi qu'un petit corps.

Les yeux fermés, je me perçois comme le centre cosmique autour duquel gravite la sphère de l'éternité, la sphère de la félicité, la sphère de l'espace vivant et omniscient.

Paramahansa Yogananda
Méditations métaphysiques

14 juin — L'expansion

Tant que nous sommes absorbés dans la conscience du corps, nous sommes comme des étrangers en terre inconnue. Notre terre natale est l'omniprésence.

Paramahansa Yogananda
Ainsi parlait Paramahansa Yogananda

15 juin — L'expansion

Je Le sens se diffuser dans mon cœur comme dans tous les cœurs, traverser les pores de l'enveloppe terrestre, transpirer dans le ciel et dans toutes les choses créées. Il est le courant infini de la joie. Il est le miroir du silence dans lequel se reflète toute la création.

Paramahansa Yogananda
Méditations métaphysiques

16 juin — L'expansion

Apprenez à voir Dieu en chaque homme, quelle que soit sa race ou sa croyance. Vous saurez ce qu'est l'amour divin le jour où vous commencerez à sentir que vous ne faites qu'un avec chaque être humain, pas avant.

Paramahansa Yogananda
La loi du succès

17 juin — L'expansion

L'océan de l'Esprit est devenu cette petite bulle qu'est mon âme. Qu'elle flotte à la naissance ou qu'elle disparaisse à la mort, dans l'océan de la lucidité cosmique la petite bulle de ma vie ne peut pas mourir. Je suis conscience indestructible, blottie au cœur de l'immortalité de l'Esprit.

Paramahansa Yogananda
Méditations métaphysiques

18 juin — L'expansion

Un jour, en voyant un gros tas de sable sur lequel rampait une fourmi minuscule, je me suis dit : « La fourmi doit penser qu'elle escalade les montagnes de l'Himalaya ! » Le tas pouvait sembler gigantesque à la fourmi, mais pas à moi. De même, un million de nos années solaires peuvent valoir moins d'une minute dans l'esprit de Dieu.

Paramahansa Yogananda
Ainsi parlait Paramahansa Yogananda

19 juin — L'expansion

Nous devrions nous entraîner à penser en termes grandioses : L'Éternité ! L'Infini !

Paramahansa Yogananda
Ainsi parlait Paramahansa Yogananda

20 juin — L'expansion

L'aéroplane de ma conscience prend de l'altitude et je vole en haut, en bas, à gauche, à droite, en-dedans, en-dehors, partout, pour constater dans chaque coin de mon chez-moi, l'espace, que j'ai toujours vécu dans la présence sacrée de mon Père.

Paramahansa Yogananda
Méditations métaphysiques

21 juin — L'expansion

Nous devons méditer pour atteindre une foi profonde. Après avoir reçu le premier contact de Dieu, nous devrions chercher ensuite à développer ce contact en une conscience de plus en plus grande, de plus en plus vaste. C'est là ce que Jésus demandait à chacun de faire. Il voulait qu'on reçoive sa conscience omniprésente. Et c'est ce que Paramahansaji enseigne. Il nous amène Dieu et tout ce qu'il nous demande est de recevoir.

Rajarsi Janakananda,
dans *Rajarsi Janakananda: A Great Western Yogi*

22 juin — La guérison

Ô Esprit, apprends-nous à guérir le corps en le rechargeant de Ton énergie cosmique, à guérir l'esprit par la concentration et la joie de vivre, et à guérir notre âme de la maladie de l'ignorance par la divine médecine de la méditation sur Toi.

Paramahansa Yogananda
Whispers from Eternity

23 juin — La guérison

Une foi absolue, inconditionnelle en Dieu est la meilleure méthode de guérison instantanée qui soit. Faire un effort constant pour éveiller une telle foi constitue le devoir suprême et le plus gratifiant de l'homme.

Paramahansa Yogananda
Affirmations scientifiques de guérison

24 juin — La guérison

La Source infinie est une dynamo sans limites déversant continuellement force, bonheur et puissance dans l'âme. C'est pourquoi il est tellement important de vous fier autant que vous le pouvez à cette Source infinie.

Paramahansa Yogananda
Leçons de la SRF

25 juin — La guérison

L'esprit est le principal agent régissant le corps. On devrait toujours éviter de suggérer à l'esprit des idées restrictives par trop humaines comme celles ayant trait à la maladie, à la vieillesse et à la mort. On devrait plutôt suggérer en permanence à l'esprit cette vérité-là : « Je suis l'Infini qui est devenu ce corps. Le corps, en tant que manifestation de l'Esprit, est l'Esprit tout de jeunesse éternelle. »

Paramahansa Yogananda
Leçons de la SRF

26 juin — La guérison

Obéissez aux lois divines de l'hygiène. L'hygiène mentale qui consiste à garder un esprit pur est supérieure à l'hygiène physique, mais celle-ci conserve son importance et ne doit pas être négligée. Ne soumettez pas pour autant votre vie à des règles si rigides que la moindre déviation de vos chères habitudes vous perturbe.

Paramahansa Yogananda
Affirmations scientifiques de guérison

27 juin — La guérison

Le corps est un ami trompeur. Accordez-lui son dû, pas plus. La douleur et le plaisir sont transitoires; endurez toutes les dualités avec calme tout en essayant en même temps de vous mettre hors de portée de leur pouvoir. L'imagination est la porte par laquelle entrent la maladie aussi bien que la guérison. Niez la réalité de la maladie même quand vous êtes souffrant; un visiteur non reconnu prendra la fuite.

Swami Sri Yukteswar,
dans *Autobiographie d'un yogi*

Les maladies mentales ou physiques tenaces sont toujours profondément enracinées dans le subconscient. On peut guérir le mal en arrachant ses racines cachées. C'est pourquoi toute affirmation effectuée au niveau du conscient doit être pratiquée avec une force suffisante pour être capable d'imprégner de sa vérité l'esprit subconscient, lequel, à son tour, influencera automatiquement l'esprit conscient. Des affirmations conscientes puissantes agissent ainsi sur le corps et sur l'esprit par l'intermédiaire du subconscient. Des affirmations encore plus puissantes atteignent non seulement le subconscient, mais aussi l'esprit superconscient. Or, c'est lui, le réservoir magique des pouvoirs miraculeux.

Paramahansa Yogananda
Affirmations scientifiques de guérison

29 juin — La guérison

« Les médecins devraient poursuivre leur travail de guérison en appliquant les lois divines à la matière », disait Sri Yukteswar. Cependant il prônait la supériorité de la thérapie mentale et disait souvent : « La sagesse est la meilleure des poudres à récurer. »

Paramahansa Yogananda
Autobiographie d'un yogi

30 juin — La guérison

Je reconnaîtrai que toutes mes maladies sont le résultat de ma transgression des lois de la santé. Je m'efforcerai donc de réparer le mal en veillant à une alimentation adéquate, en mangeant moins, en jeûnant, en prenant suffisamment d'exercice et en cultivant une saine façon de penser.

Paramahansa Yogananda
Méditations métaphysiques

1er juillet — La liberté

La liberté signifie pouvoir agir en étant guidés par l'âme et non par les contraintes des désirs et des habitudes. Obéir à l'ego conduit à la servitude ; obéir à l'âme apporte la libération.

Paramahansa Yogananda
Ainsi parlait Paramahansa Yogananda

2 juillet — La liberté

Avant d'agir, vous disposez de liberté, mais après avoir agi, l'effet de l'action vous poursuivra que vous le vouliez ou non. C'est la loi du *karma*. Vous êtes des agents libres, mais lorsque vous accomplissez une certaine action, vous en récolterez les résultats.

Paramahansa Yogananda
Leçons de la SRF

3 juillet — La liberté

La liberté de l'homme est finale et immédiate si telle est sa volonté ; elle ne dépend pas des victoires extérieures, mais intérieures.

> Paramahansa Yogananda
> *Autobiographie d'un yogi*

4 juillet — La liberté

Anniversaire de Sri Gyanamata

Le chemin de la liberté passe par le service envers autrui. Le chemin du bonheur passe par la méditation et la communion avec Dieu… Brisez les barrières de votre égo ; défaites-vous de l'égoïsme ; libérez-vous de la conscience du corps ; oubliez-vous ; fuyez ce logement, geôle de tant d'incarnations ; fondez votre cœur dans le tout et soyez UN avec la création entière.

Paramahansa Yogananda
Leçons de la SRF

5 juillet — La liberté

Vous ne savez pas quelle chance vous avez d'être né sous la forme d'un être humain. En cela, vous êtes béni plus que toute autre créature. L'animal n'est pas capable de méditer et de communier avec Dieu. Vous avez la liberté de Le cherchez et vous n'en faites pas usage.

Paramahansa Yogananda
La quête éternelle de l'homme

6 juillet — La liberté

L'âme est attachée au corps par une chaîne de désirs, de tentations, de malheurs et de soucis dont elle essaye de se libérer. Si vous tirez sans relâche sur cette chaîne qui vous retient à la conscience mortelle, un jour ou l'autre une Main divine invisible interviendra pour la briser et vous serez libres.

Paramahansa Yogananda
La quête éternelle de l'homme

7 juillet — La liberté

Pouvoir faire tout ce qui nous plaît n'est pas le véritable sens de la liberté d'action. Vous devez comprendre dans quelle mesure vous êtes libre et à quel point vous êtes influencé par les mauvaises habitudes. Être bon seulement parce que c'est devenu une habitude de l'être n'est pas la liberté non plus. Être tenté n'est pas un péché, mais être capable de résister à la tentation et de la surmonter, c'est prouver sa grandeur ; voilà la liberté, car vous agissez uniquement de par votre libre arbitre et votre libre choix !

Paramahansa Yogananda
Leçons de la SRF

8 juillet — La liberté

Lorsque par la discrimination et l'action juste, l'être humain « grille » toutes les graines des tendances maléfiques emmagasinées dans son esprit, chaque cellule microscopique de son cerveau devient un trône pour un brillant roi de sagesse, d'inspiration et de santé qui chante et prêche la gloire de Dieu aux cellules intelligentes du corps. Les personnes ayant atteint cet état sont vraiment libres. De tels êtres libérés ne sont pas sujets au karma des incarnations à venir et ils se réincarnent seulement pour essuyer les larmes de ceux qui sont liés par un karma. Ces maîtres libérés sont auréolés d'une invisible lumière de guérison. Partout où ils vont, ils diffusent la lumière de la prospérité et de la santé.

Paramahansa Yogananda
Leçons de la SRF

9 juillet — La liberté

Swami Sri Yukteswarji à Paramahansa Yogananda : « La liberté de vouloir ne consiste pas à faire les choses selon le diktat des habitudes prénatales ou postnatales, ou des caprices mentaux, mais à agir en fonction des suggestions venant de la sagesse et du libre choix. Si ta volonté se met en accord avec la mienne, [la volonté du guru guidée par la sagesse], tu trouveras la liberté. »

Swami Sri Yukteswar,
dans les *Leçons de la SRF*

10 juillet — La liberté

Prenez la décision de ne pas être affecté par les problèmes, de ne pas être pointilleux, de ne pas devenir victime ni des habitudes ni des humeurs et vous serez libre comme une alouette.

Paramahansa Yogananda
Revue de la Self-Realization

11 juillet — La liberté

Vous ne pourrez pas être libres avant d'avoir brûlé les semences des actions passées dans le feu de la sagesse et de la méditation.

Paramahansa Yogananda
Revue de la Self-Realization

12 juillet — La bonne attitude

Ne voyez rien d'autre, ne regardez rien d'autre que votre but qui brille devant vous avec obstination. Les choses qui nous arrivent n'ont pas d'importance ; ce qui compte, c'est ce que nous devenons à leur contact.

Chaque jour, acceptez tout comme venant de Dieu.

Le soir venu, remettez tout entre Ses mains.

Sri Gyanamata
God Alone: The Life and Letters of a Saint

13 juillet — La bonne attitude

Évitez d'avoir une approche négative de la vie. Pourquoi abaisser votre regard sur le caniveau alors que la beauté nous entoure? On peut trouver des défauts même aux plus grands chefs-d'œuvre artistiques, musicaux et littéraires. Cependant, ne vaut-il pas mieux en apprécier le charme et la gloire?

La vie a son côté lumineux et son côté obscur, car le monde de la relativité est composé d'ombres et de lumière. Si vous permettez à vos pensées de se fixer sur le mal, vous vous enlaidirez vous-mêmes. Ne recherchez que le bon côté en toutes choses afin de vous imprégner de la qualité de la beauté.

Paramahansa Yogananda
Ainsi parlait Paramahansa Yogananda

14 juillet — La bonne attitude

Je n'attends rien des autres, ce qui fait que leurs actions ne peuvent se trouver en opposition à mes désirs.

> Swami Sri Yukteswar,
> dans *Autobiographie d'un yogi*

15 juillet — La bonne attitude

Quand on vous dit que vous êtes bons, ne vous reposez pas sur vos lauriers, mais essayez de devenir encore meilleurs. Votre progrès continuel procurera du bonheur à votre entourage, à vous-mêmes et à Dieu.

Paramahansa Yogananda
Ainsi parlait Paramahansa Yogananda

16 juillet — La bonne attitude

Ne vous préoccupez pas des défauts d'autrui. Utilisez la poudre à récurer de la sagesse pour garder étincelantes et immaculées les chambres de votre propre esprit. Par votre exemple, d'autres personnes seront inspirées à faire leur propre ménage.

Paramahansa Yogananda
Ainsi parlait Paramahansa Yogananda

17 juillet — La bonne attitude

Vivez uniquement dans le présent, pas dans le futur. Faites de votre mieux aujourd'hui et ne vous souciez pas du lendemain.

Paramahansa Yogananda
Revue de la Self-Realization

18 juillet — La bonne attitude

Paramahansa Yogananda en hommage à la mémoire de Sœur Gyanamata : « Je n'ai jamais vu ni entendu notre sœur critiquer qui que ce soit ; je n'ai jamais entendu un mot dur sortir de sa bouche. Tous les disciples qui ont eu la bonne fortune de la connaître ont trouvé en elle une source d'inspiration nouvelle, et tous disaient : « Elle est vraiment une sainte ! »

Paramahansa Yogananda,
dans *God Alone: The Life and Letters of a Saint*

19 juillet — La bonne attitude

Les trois impératifs que voici, plus la méditation, constituent la seule règle de vie dont un disciple ait besoin : le détachement, la prise de conscience que Dieu est le Dispensateur et une patience imperturbable. Tant que l'une de ces trois composantes nous met en échec, nous avons encore un grave défaut spirituel à surmonter.

Sri Gyanamata
God Alone: The Life and Letters of a Saint

20 juillet — La bonne attitude

Si je devais vous faire don de ce que j'aimerais le plus vous offrir, ce serait l'attitude juste envers Dieu et le Guru, envers la vie, envers votre travail et envers les autres membres de votre groupe.

Toutefois, les meilleurs présents ne peuvent être ni achetés ni donnés. Les grâces et les dons de l'âme doivent être acquis suite à une patiente pratique quotidienne. Tout vous sera sûrement accordé en temps et lieu, car si vous ne les obtenez pas dans la fonction que Dieu vous a appelé à exercer, où donc, dans le monde entier, pourriez-vous les trouver ?

Sri Gyanamata
God Alone: The Life and Letters of a Saint

21 juillet — Pratiquer la présence divine

Un jour, alors que je méditais, j'entendis Sa voix qui me murmurait : « Tu dis que Je suis loin, *mais tu n'es pas entré*. C'est pour cela que tu dis que Je suis loin. Je suis toujours là, mais à l'intérieur. Donne-toi la peine d'entrer et tu Me verras. »

Paramahansa Yogananda
La quête éternelle de l'homme

22 juillet — Pratiquer la présence divine

Quand vous méditez, plongez votre esprit tout entier en Dieu. Et, lorsque vous accomplissez un devoir, mettez-y tout votre cœur. Mais une fois le travail terminé, orientez votre esprit vers le Seigneur. Quand vous aurez appris à pratiquer la présence de Dieu à chaque instant où vous êtes libres de penser à Lui, alors, même au beau milieu de votre travail, vous serez conscients de la communion avec le Divin.

Paramahansa Yogananda
Revue de la Self-Realization

23 juillet — Pratiquer la présence divine

Chaque fois que votre esprit erre dans les dédales des innombrables pensées terrestres, ramenez-le patiemment vers le souvenir du Seigneur qui vit en vous. Quand le temps sera venu, vous Le trouverez à jamais avec vous, – un Dieu qui vous parle dans votre propre langage, un Dieu dont le visage vous épie furtivement en chaque fleur, arbuste et brin d'herbe. Alors, vous direz : « Je suis libre ! Je suis revêtu des voiles de l'Esprit. Sur des ailes de lumière, je vole de la terre jusqu'au ciel. » Et quelle joie consumera votre être !

Paramahansa Yogananda
Ainsi parlait Paramahansa Yogananda

24 juillet — Pratiquer la présence divine

Dieu est abordable. En Lui parlant et en écoutant Ses paroles dans les Écritures, en pensant à Lui et en ressentant Sa présence pendant la méditation, vous constaterez que progressivement l'Irréel deviendra réel, tandis que le monde que vous avez toujours considéré comme réel vous semblera irréel. Cette prise de conscience ne se compare à aucune autre joie.

Paramahansa Yogananda
La quête éternelle de l'homme

25 juillet — Pratiquer la présence divine

Journée en souvenir de Mahavatar Babaji

Mahavatar Babaji a promis de protéger et de guider tous les *kriya yogis* sincères sur leur chemin vers le But.... « Quand un disciple prononce le nom de Babaji avec révérence, déclara Lahiri Mahasaya, il s'attire une bénédiction spirituelle immédiate. »

Paramahansa Yogananda
Autobiographie d'un yogi

Bien que je fasse des plans et réalise des projets dans la vie de tous les jours, je ne le fais que pour plaire au Seigneur. Je me sonde : même quand je suis en train de travailler, je murmure intérieurement : « Où es-Tu, Seigneur ? » et, déjà, le monde entier bascule. Plus rien n'existe si ce n'est une grande Lumière et je ne suis qu'une petite bulle dans cet Océan de Lumière. Telle est la joie de l'existence en Dieu.

Paramahansa Yogananda
La quête éternelle de l'homme

27 juillet — Pratiquer la présence divine

Comme il est facile de remplir ses journées de bêtises et comme il est difficile de les remplir d'activités ou de pensées utiles ! Et pourtant, Dieu ne S'intéresse pas tant à ce que nous faisons qu'à ce qui occupe notre esprit. Chacun a un autre type de difficultés, mais Dieu est sourd à tout prétexte. Il veut que le fidèle absorbe son esprit en Lui quelles que soient les circonstances et les difficultés.

Paramahansa Yogananda
La quête éternelle de l'homme

Priez-Le: « Seigneur, Tu es le Maître de la création, c'est pourquoi je viens à Toi. Je n'abandonnerai jamais, jusqu'à ce que Tu me parles et m'ouvres à l'évidence de Ta présence. Je ne vivrai pas sans Toi. »

Paramahansa Yogananda
La quête éternelle de l'homme

29 juillet — Pratiquer la présence divine

Il n'y a aucune excuse pour ne pas penser à Dieu. Jour et nuit cette pensée doit hanter votre esprit: Dieu! Dieu! Dieu!... Que vous soyez en train de faire la vaisselle ou de creuser une tranchée, de travailler dans un bureau ou dans un jardin, quoi que vous fassiez, au fond de vous, murmurez: «Seigneur, manifeste-Toi! Tu es ici-même. Tu es dans le soleil. Tu es dans l'herbe. Tu es dans l'eau, Tu es dans cette pièce. Tu es dans mon cœur.»

Paramahansa Yogananda
Journey to Self-realization

30 juillet — Pratiquer la présence divine

Peu importe dans quelle direction vous tournez une boussole, son aiguille pointe vers le nord. Il en est ainsi du véritable yogi. Il peut être absorbé en de multiples activités extérieures, mais son esprit est toujours fixé sur le Seigneur. Inlassablement, son cœur chante : « Mon Dieu, mon Dieu, le plus adorable de tous ! »

Paramahansa Yogananda
Ainsi parlait Paramahansa Yogananda

31 juillet — Pratiquer la présence divine

Chaque fois que vous voyez un magnifique coucher de soleil, pensez en vous-mêmes : « C'est Dieu qui peint sur la toile du ciel. » En regardant le visage de chaque personne que vous rencontrez, dites-vous en vous-mêmes : « C'est Dieu qui a pris cette apparence. » Appliquez cette façon de penser à toute expérience : « Le sang de mon corps est Dieu ; la raison dans mon esprit est Dieu ; l'amour dans mon cœur est Dieu ; tout ce qui existe est Dieu. »

Paramahansa Yogananda
Leçons de la SRF

PENSÉE SPÉCIALE POUR JANMASHTAMI

Anniversaire de Bhagavan Krishna

L'anniversaire de la naissance de Krishna est célébré selon le calendrier lunaire indien. Il tombe le huitième jour de la lune décroissante entre la mi-août et la mi-septembre.

Celui qui Me perçoit partout et qui voit tout en Moi ne Me perd jamais de vue, pas plus que Je ne le perds jamais de vue.

Il reste pour toujours en moi, ce yogi qui, ancré dans l'unité divine quel que soit son mode d'existence, Me réalise comme emplissant tout ce qui existe.

Ô Arjuna, la meilleure sorte de yogi est celui qui ressent la peine ou le plaisir des autres de la façon même qu'il les ressent pour lui-même.

Bhagavan Krishna,
dans la *Bhagavad Gita*

1ᵉʳ août — S'abandonner à Dieu

Le plus grand de tous les devoirs est de se souvenir de Dieu. La première chose à faire le matin est de méditer sur Lui et de penser à une façon de consacrer votre vie à Son service pour que, toute la journée durant, vous soyez remplis de Sa joie.

Paramahansa Yogananda
Revue de la Self-Realization

2 août — S'abandonner à Dieu

Il n'existe aucun autre moyen de trouver l'amour de Dieu que de s'abandonner à Lui. Soyez maître de votre esprit afin de pouvoir le Lui offrir.

Paramahansa Yogananda
The Divine Romance

Cher Père, quelles que soient les conditions auxquelles je me heurte, je sais qu'elles représentent la prochaine étape de mon épanouissement. J'accueillerai toutes les épreuves, parce que je sais qu'en moi se trouve l'intelligence pour les comprendre et le pouvoir pour les surmonter.

Paramahansa Yogananda
Méditations métaphysiques

4 août — S'abandonner à Dieu

Mon guru Sri Yukteswarji disait : « Pour connaître Dieu, ne vous attendez à rien. Jetez-vous en Dieu avec foi, tout simplement, dans la félicité de Sa présence en vous. » (…) Le fidèle finira par Le trouver s'il ne cesse de se réfugier dans le Seigneur en pensant à Lui pendant toutes ses bonnes activités et en Lui abandonnant l'issue de tous les faits et gestes qui surviennent dans sa vie.

Paramahansa Yogananda
God talks With Arjuna: The Bhagavad Gita

S'abandonner à Dieu
5 août

Je suis à Toi, ô Seigneur! Je me rendrai digne de Ton acceptation.

Je n'offrirai pas un holocauste à l'Éternel, mon Dieu, de ce qui ne me coûte rien. Je me déposerai moi-même, avec tous mes préjugés et mesquineries, avec tout ce que la chair affectionne, sur le bûcher ardent.

Chaque jour, j'élèverai mon cœur vers Mahavatar Babaji, Lahiri Mahasaya, Swami Sri Yukteswarji et mon guru Paramahansa Yoganandaji en demandant leurs présents sertis des multiples joyaux de la réalisation du Soi.

Dans le silence de la nuit, du tréfonds de mon cœur, j'implorerai : «Parle, Seigneur, car Ta servante écoute!»

Quand l'appel du devoir retentira contre mon gré, je répondrai : «Me voici, Seigneur ; dépêche-moi!»

Sri Gyanamata
God Alone: The Life and Letters of a Saint

6 août — S'abandonner à Dieu

Puisse tout acte de ma volonté être empreint de Ta divine vitalité. De Ta grâce, embellis chacune de mes idées, de mes expressions et de mes ambitions ! Ô Divin Sculpteur, cisèle ma vie selon Tes desseins !

Paramahansa Yogananda
Whispers from Eternity

7 août — S'abandonner à Dieu

Le Seigneur connaît le cours de nos pensées. Il ne Se révèlera pas à nous jusqu'à ce que nous Lui ayons cédé notre ultime désir terrestre, jusqu'à ce que chacun de nous Lui dise : « Père, guide-moi et possède-moi ! »

Paramahansa Yogananda
Ainsi parlait Paramahansa Yogananda

8 août — S'abandonner à Dieu

Quand quelqu'un me raconte combien il a déjà travaillé pour Dieu, je vois la piètre qualité de son attitude. Ceux qui travaillent de la bonne manière pour le Seigneur ne pensent jamais au travail qu'ils font pour Lui en termes de quantité. Au contraire, ils pensent surtout à tout ce que Dieu fait pour eux. Dire qu'il leur donne un corps grâce auquel ils peuvent rendre service à autrui, un esprit pour penser à Lui et à ses merveilles, et un cœur pour L'aimer comme leur Père, leur Créateur et leur unique Bienfaiteur !

Paramahansa Yogananda
Revue de la Self-Realization

Peu importe à quel point vous êtes éreinté par le travail, n'allez jamais au lit sans accorder à Dieu l'attention la plus profonde. Vous n'en mourrez pas ; mais mourez d'envie de trouver Dieu puisque cela est nécessaire.

Paramahansa Yogananda,
lors d'une conférence

« Seigneur, mes mains et mes pieds travaillent pour Toi. Tu m'as confié un certain rôle à jouer en ce monde et tout ce que je fais dans ce monde est pour Toi. » Abandonnez-vous à Dieu et vous constaterez que votre vie deviendra comme une douce mélodie. Si vous essayez de tout faire en étant conscients de Dieu, vous verrez avec joie que, chaque jour, Il vous choisit certaines tâches à accomplir.

Paramahansa Yogananda,
lors d'une conférence

11 août — La purification

Le *kriya yoga* est le véritable « rite du feu » maintes fois prôné dans la Gita. Le yogi jette ses aspirations humaines dans un feu de joie monothéiste consacré au Dieu sans égal… Tous les désirs passés et présents représentent le combustible consumé par l'amour divin. L'Ultime Flamme reçoit l'offrande de toute la folie humaine et l'être humain se retrouve débarrassé de ses impuretés.

Ses os métaphoriques dépouillés des désirs qui en sont la chair, son squelette karmique blanchi par les soleils antiseptiques de la sagesse, irréprochable devant son Créateur comme devant les hommes, il est enfin pur.

Paramahansa Yogananda
Autobiographie d'un yogi

12 août — La purification

La volonté de Dieu se transmet au disciple à travers le guru. Si nous acceptons notre discipline avec la bonne disposition d'esprit, cela renforcera notre caractère comme rien d'autre ne pourrait le faire.

Sister Gyanamata
God Alone: The Life and Letters of a Saint

13 août — La purification

Libérez-vous de l'esclavage dans lequel vous tiennent les désirs de la chair. Tant que vous n'aurez pas établi votre maîtrise spirituelle sur le corps, votre corps sera votre ennemi. Ne l'oubliez jamais! N'ayez d'autre désir que de répandre le nom de Dieu, de penser à Lui et de Le chanter sans cesse. Quelle joie! L'argent pourrait-il nous procurer cette joie? Non! Celle-ci provient uniquement de Dieu.

Paramahansa Yogananda
The Divine Romance

14 août — La purification

Le royaume de mon esprit est encrassé par les noirceurs de l'ignorance. Puissé-je, par les pluies régulières de mon autodiscipline zélée, laver les cités salies par ma négligence spirituelle des détritus de mes illusions anciennes !

Paramahansa Yogananda
Whispers from Eternity

15 août — La purification

○ ○ ○ Vous ne pouvez forger de l'acier avant d'avoir mis le fer au feu et de l'avoir chauffé. Ce n'est pas destiné à faire du mal. Tout problème ou toute maladie renferme pour nous une leçon. Les expériences douloureuses ne visent pas à nous détruire, mais à éliminer nos scories par le feu de l'épreuve afin de hâter notre retour à la Demeure divine. Personne n'aspire davantage à notre libération que Dieu lui-même.

Paramahansa Yogananda
La quête éternelle de l'homme

16 août — La purification

Tout aspirant yogi, que ce soit en Orient ou en Occident, doit se discipliner (…). Il devrait s'abstenir de trop se préoccuper de son corps. S'il s'aperçoit qu'il arrive à trouver du temps pour tout le reste, mais qu'il est trop occupé pour chercher Dieu, il est temps qu'il retourne contre lui l'aiguillon de la discipline. Pourquoi avoir peur ? Il y a tout à gagner. Si un homme ne veut pas crier, pleurer et se battre pour atteindre son propre salut, qui d'autre le fera pour lui ?

Paramahansa Yogananda
La quête éternelle de l'homme

17 août — La purification

Nous devons parfois souffrir en faisant le bien. Nous devons être prêts à accepter la souffrance pour trouver le Seigneur. Qu'est-ce donc que d'endurer l'inconfort de la chair et la discipline de l'esprit si c'est pour gagner la consolation éternelle de l'Esprit ? La joie du Christ d'être en Dieu était si grande qu'il était prêt à abandonner son corps pour Lui. Le but de la vie est d'atteindre ce bonheur immense : trouver Dieu.

Paramahansa Yogananda
La quête éternelle de l'homme

18 août — La purification

J'en suis venue à mesurer le progrès spirituel non seulement par la lumière entourant la personne qui médite ou par les visions de saints qu'elle perçoit, mais par ce qu'elle est capable d'endurer dans la lumière crue et froide du jour. La grandeur du Christ ne résidait pas seulement dans son pouvoir à entrer en méditation et à réaliser glorieusement son unité avec le Père, son identité absolue, mais également dans sa capacité à *endurer*.

Sister Gyanamata
God Alone: The Life and Letters of a Saint

19 août — La purification

Le yoga est précis et scientifique. Yoga signifie union de l'âme avec Dieu au moyen de méthodes progressives donnant des résultats spécifiques, connus d'avance. Le yoga élève la pratique de la religion pour la placer au-dessus des dogmes et de leurs différences. Mon guru, Sri Yukteswar, chantait les louanges du yoga, sans pour autant prétendre que la réalisation de Dieu serait par là immédiate. «Tu devras faire beaucoup d'effort pour y arriver», me disait-il. C'est ce que je fis, et quand les résultats promis arrivèrent, je pus constater que le yoga était proprement fabuleux.

Paramahansa Yogananda
La quête éternelle de l'homme

20 août — La méditation

Par la méditation, nous relions la petite joie de notre âme à l'immense joie de l'Esprit. Il ne faut pas confondre méditation et concentration ordinaire. La concentration consiste à libérer l'attention des distractions et à la focaliser sur la pensée qui nous intéresse. La méditation est cette forme particulière de concentration dans laquelle l'attention est libérée de toute agitation et focalisée sur Dieu. Par conséquent, la méditation est l'utilisation de la concentration pour connaître Dieu.

Paramahansa Yogananda
Leçons de la SRF

21 août — La méditation

Rappelez-vous que plus vous pratiquerez la méditation longue et intense, plus vous sentirez la proximité joyeuse du Dieu de silence. L'intensité consiste à rendre la méditation d'aujourd'hui plus profonde que celle d'hier et la méditation de demain plus profonde que celle d'aujourd'hui.

Paramahansa Yogananda
Leçons de la SRF

Ne dites pas : « Demain, je méditerai davantage. » Vous prendrez soudain conscience qu'une année se sera écoulée sans que vous ayez mis en pratique vos bonnes intentions. À la place, dites :

« Ceci peut attendre et cela peut attendre, mais ma quête de Dieu ne peut pas attendre ! »

Paramahansa Yogananda
Ainsi parlait Paramahansa Yogananda

23 août — La méditation

Le trait le plus meurtrier de l'illusion (*maya*) est la réticence à méditer, car cette attitude empêche la personne de se relier à Dieu et au guru.

Paramahansa Yogananda,
dans *Rajarsi Janakanananda: A Great Western Yogi*

24 août — La méditation

Il faut commencer par le commencement. Lorsque vous vous réveillez le matin, méditez. Si vous ne le faites pas, le monde entier se liguera pour vous occuper et vous oublierez Dieu. Le soir, méditez avant que le sommeil ne vous gagne. Mon habitude de méditer est si forte que même après m'être allongé pour dormir, je m'aperçois que je suis en train de méditer. Je ne peux pas dormir d'une façon normale. L'habitude d'être avec Dieu passe avant.

Paramahansa Yogananda
La quête éternelle de l'homme

25 août — La méditation

Lorsque vous êtes à la recherche de Dieu, rendez une méditation, même courte, si intense qu'il vous semblera avoir passé des heures avec Lui.

Paramahansa Yogananda
Revue de la Self-Realization

26 août — La méditation

Plus vous méditerez, plus vous pourrez aider les autres et plus vous serez en accord profond avec Dieu. Les gens égoïstes restent figés spirituellement tandis que les gens altruistes élargissent leur conscience. Quand dans la méditation vous parviendrez à sentir votre omniprésence, vous trouverez Dieu. S'Il est content de vous, la nature entière travaillera en harmonie avec vous. Apprenez à converser avec Lui de toute votre âme.

Paramahansa Yogananda
Leçons de la SRF

27 août — La méditation

Pourquoi Dieu devrait-Il se livrer facilement à vous ? Vous qui travaillez si fort pour de l'argent et si peu pour la réalisation divine ! Les saints hindous nous disent que si nous pouvions dédier ne serait-ce que vingt-quatre heures à la prière continue, ininterrompue, le Seigneur apparaîtrait devant nous ou se ferait connaître d'une manière ou d'une autre. Si même nous consacrions une heure par jour à la méditation profonde sur Lui, Il viendrait à nous en temps et lieu.

Paramahansa Yogananda
Ainsi parlait Paramahansa Yogananda

28 août — La méditation

Qu'importe ce que votre corps subit, méditez. N'allez jamais vous coucher le soir sans avoir communié avec Dieu. Votre corps vous rappellera que vous avez travaillé dur et que vous avez besoin de repos, mais plus vous ignorerez ses doléances en vous concentrant sur le Seigneur, plus vous rayonnerez de vie et de joie, brûlant d'enthousiasme comme un globe de feu. Alors vous saurez que vous n'êtes pas un corps.

Paramahansa Yogananda
La quête éternelle de l'homme

Ne vous plaignez point si vous ne voyez ni lumières ni images pendant votre méditation. Descendez profondément dans la perception de la Félicité ; vous y trouverez la réelle présence de Dieu. N'en recherchez pas une partie, mais la Totalité.

Paramahansa Yogananda
Ainsi parlait Paramahansa Yogananda

30 août — La méditation

Plus vous versez de sucre dans de l'eau, plus celle-ci devient sucrée. De façon comparable, plus vous méditerez intensément, plus votre progression spirituelle sera rapide.

Paramahansa Yogananda
Leçons de la SRF

31 août — La méditation

Il n'y a pas de langage humain pour décrire la joie qui n'attend que d'être découverte une fois que les portes du silence se seront refermées sur votre mental. Mais vous devez vous en convaincre vous-mêmes ; vous devez méditer et créer cet environnement.

Paramahansa Yogananda
Leçons de la SRF

1ᵉʳ septembre   **L'effort**

───

Tout ira mieux à l'avenir si vous faites un effort spirituel dès à présent.

> Swami Sri Yukteswar,
> dans *Autobiographie d'un yogi*

2 septembre — L'effort

La pratique du yoga n'est que la moitié de la bataille. Même si, au début, vous n'êtes pas très enthousiaste, si vous persévérez dans votre pratique, vous arriverez à ressentir ce désir ardent pour Dieu qui est essentiel si vous avez l'intention de Le trouver.

Pourquoi ne faites-vous pas cet effort ? D'où viennent toutes ces merveilles qui émergent en permanence dans la création ? D'où provient l'intelligence des grandes âmes, si ce n'est de l'entrepôt de l'Esprit infini ? Et si ces splendeurs que vous pouvez voir autour de vous ne sont pas suffisantes pour vous inciter à chercher Dieu, pourquoi devrait-Il Se révéler à vous ? Il vous a donné la faculté d'aimer afin que vous puissiez vous languir de Lui plus que de toute autre chose. Ne gaspillez pas votre amour et votre raison. Et ne gaspillez pas votre concentration et votre intelligence à des fins erronées.

Paramahansa Yogananda
La quête éternelle de l'homme

3 septembre — L'effort

Souvent, nous continuons à souffrir sans faire d'effort pour changer ; c'est pourquoi nous ne trouvons ni paix ni contentement durables. Si nous persévérions, nous serions certainement capables de vaincre toutes les difficultés. Nous devons faire cet effort pour pouvoir passer du malheur au bonheur et du découragement au courage.

Paramahansa Yogananda
La quête éternelle de l'homme

4 septembre — L'effort

Pour obtenir que Dieu Se donne Lui-même, il vous faut un zèle constant, incessant. Personne ne peut vous inculquer ce zèle. Vous devez le développer par vous-mêmes. « Vous pouvez amener un cheval à l'abreuvoir, mais vous ne pouvez pas le faire boire. » Pourtant, quand le cheval a soif, il met tout son zèle à chercher de l'eau. De même, quand vous aurez une immense soif du divin et que vous n'accorderez d'importance à rien d'autre – épreuves du monde ou épreuves du corps –, alors Il viendra.

Paramahansa Yogananda
Comment converser avec Dieu

5 septembre — L'effort

Ceux qui ne consacrent pas suffisamment de temps à leur pratique religieuse ne peuvent pas s'attendre à tout connaître d'un seul coup sur Dieu et sur l'au-delà. En général, les gens ne font pas l'effort nécessaire ou, s'ils le font, leur effort n'est ni assez soutenu ni assez sincère. La nuit devrait se passer en compagnie de Dieu. Vous dormez plus que de raison et gaspillez ainsi beaucoup d'heures précieuses. La nuit a été créée pour faire écran à toutes les attractions du monde, afin de vous permettre d'explorer le royaume de Dieu le plus attentivement possible.

Paramahansa Yogananda
La quête éternelle de l'homme

6 septembre — L'effort

Toutes les âmes sont égales. La seule différence entre vous et moi est que j'ai fait l'effort nécessaire. J'ai montré à Dieu que je L'aime et Il est venu à moi. L'amour est l'aimant auquel Dieu ne peut échapper.

Paramahansa Yogananda
Ainsi parlait Paramahansa Yogananda

7 septembre — L'effort

Je crois toujours que, moyennant juste un petit effort supplémentaire, je peux faire surgir les conditions qui semblaient hors de ma portée. Rappelez-vous que personne, pas même un maître, ne peut tout faire pour vous. Vous devez faire beaucoup par vous-mêmes.

Sri Gyanamata
God Alone: The Life and Letters of a Saint

8 septembre — L'effort

Rappelez-vous bien de ceci : si vous ne trouvez pas Dieu, c'est que vous ne faites pas assez d'efforts dans votre méditation. Si vous ne trouvez pas de perles après une ou deux plongées, ne blâmez pas l'océan. Blâmez le plongeur ; vous n'êtes pas descendus assez profondément. Si vous plongez vraiment profondément, vous trouverez la perle rare de Sa présence.

Paramahansa Yogananda
La quête éternelle de l'homme

9 septembre — L'effort

Vous devriez augmenter votre force physique et ensuite augmenter votre force mentale. La meilleure façon d'accroître le pouvoir mental est d'essayer de faire quotidiennement quelque chose de valable. Choisissez une tâche ou un projet dont on vous avait dit que vous n'en étiez pas capable et mettez-vous à l'épreuve. Chaque jour, efforcez-vous d'accomplir quelque chose que vous aviez toujours pensé ne pas pouvoir mener à bien.

Paramahansa Yogananda
Leçons de la SRF

10 septembre — L'effort

Vous devriez faire plus d'efforts. Oubliez le passé et faites davantage confiance à Dieu. Notre sort n'est pas prédéterminé par Dieu, non plus que le *karma* en est le seul facteur, bien que nos vies soient influencées par nos pensées révolues et nos actions passées. Si vous n'êtes pas satisfaits de la tournure que prend votre vie, modifiez-en le cours. Je n'aime pas entendre les gens gémir et attribuer leurs échecs présents à leurs erreurs des vies antérieures ; agir ainsi est de la paresse spirituelle. Mettez-vous au travail et désherbez le jardin de votre vie !

Paramahansa Yogananda
Ainsi parlait Paramahansa Yogananda

11 septembre — L'effort

Toutes les expériences dont je vous ai parlé sont accessibles à travers une démarche scientifique. Si vous suivez les lois spirituelles, le résultat est certain. Si vous ne voyez venir aucun résultat, la faute se trouve dans votre manque d'efforts. La seule manière de réussir dans toutes vos pratiques religieuses, c'est l'intensité. Ceux qui ne méditent ni avec régularité, ni avec intensité sont agités chaque fois qu'ils le font et abandonnent après n'avoir fourni qu'un petit effort. Mais si votre effort s'intensifie au fil des jours, vous descendrez plus profondément dans votre méditation. Je n'ai plus à faire d'effort maintenant : quand je ferme les yeux et fixe mon attention sur le centre christique [l'œil spirituel, au point frontal entre les sourcils], le monde entier disparaît en un instant.

Paramahansa Yogananda
La quête éternelle de l'homme

12 septembre — L'activité juste

Si votre esprit s'identifie entièrement à vos activités, vous ne pouvez pas être conscients du Seigneur, mais si, au fond de vous, vous êtes calmes et réceptifs tout en étant extérieurement actifs, vous êtes dans l'action juste.

Paramahansa Yogananda,
dans un *Paragramme*

13 septembre — L'activité juste

Vous êtes seul responsable de votre vie. Personne d'autre ne pourra répondre de vos actions quand sonnera l'heure de votre décompte final. Votre tâche en ce monde, dans la sphère où votre *karma* (vos propres actions passées) vous a placé, ne peut être accomplie que par une seule personne : vous-même. Et votre travail ne sera un véritable succès que si, d'une façon ou d'une autre, il est utile à vos semblables.

Paramahansa Yogananda
La loi du succès

14 septembre — L'activité juste

Avant de vous embarquer dans une entreprise d'envergure, asseyez-vous tranquillement, calmez vos pensées et vos sens, puis méditez profondément. Vous serez alors guidé par le grand pouvoir créateur de l'Esprit.

Paramahansa Yogananda
La loi du succès

15 septembre — L'activité juste

Que vos tâches soient humbles ou importantes, accomplissez-les toujours avec la plus grande attention en vous souvenant que Dieu guide et soutient tout effort efficace que vous faites en vue de réaliser une noble ambition.

Paramahansa Yogananda
Leçons de la SRF

16 septembre — L'activité juste

Je prends de plus en plus de travail sur mes épaules, mais je ne me sens jamais surmené, car tout ce que je fais, je le fais pour Lui.

Paramahansa Yogananda
La quête éternelle de l'homme

17 septembre — L'activité juste

Vous êtes venus sur terre pour accomplir une divine mission [vous réunir avec Dieu]. Rendez-vous compte que c'est d'une importance absolument capitale ! Ne tolérez pas que l'ego avec ses vues étroites vous empêche d'atteindre ce but infini.

Paramahansa Yogananda
Ainsi parlait Paramahansa Yogananda

18 septembre — L'activité juste

Si nous sommes en paix à l'intérieur de notre être, nous pouvons poursuivre nos tâches avec harmonie et ce, même dans la sphère publique. Sur terre, nous pouvons accomplir des choses admirables sans nécessairement nous heurter aux autres. Une fois la journée de travail terminée, on peut se retirer en soi-même afin de retrouver Dieu. Même dans le monde des affaires, on peut arriver finalement à effectuer toutes ses tâches en étant entièrement conscient de la présence de Dieu. Si nous sommes calmes et paisibles, quoi qu'il advienne, succès ou semblant d'échec, nous demeurons impassibles, emplis de la certitude que c'est Sa volonté qui est en train de s'accomplir.

Rajarsi Janakananda
dans *Rajarsi Janakananda: A Great Western Yogi*

19 septembre — L'activité juste

Acceptez les changements avec sérénité et agissez dans un esprit de divine liberté quels que soient les devoirs croisant votre route.

Si Dieu devait me dire aujourd'hui : «Rentre à la maison!», sans jeter un coup d'œil en arrière je laisserais ici toutes mes obligations – organisation, immeubles, projets, personnes – et je me hâterais de Lui obéir. Faire tourner le monde est Sa responsabilité. Il en est l'Auteur, pas vous ni moi.

Paramahansa Yogananda
Ainsi parlait Paramahansa Yogananda

20 septembre — L'activité juste

En tout premier lieu, méditez et ressentez la Présence divine ; ensuite, faites votre travail en étant remplis de la conscience de Dieu. Si vous faites cela, vous ne deviendrez jamais fatigués. Si vous travaillez pour le Divin Bien-Aimé, votre vie sera remplie d'amour et de force.

Paramahansa Yogananda
Leçons de la SRF

21 septembre — L'activité juste

Et l'on nous verra à nouveau, encore et encore, sur cette scène de la vie, jusqu'à ce que nous devenions si bons acteurs que nous pourrons interpréter notre rôle à la perfection selon la Volonté divine. Alors Il dira : « Tu n'as plus besoin d'aller sur scène. Tu as fait Ma volonté. Tu as joué ton rôle et tu l'as bien joué. Tu n'as pas perdu courage. Tu es maintenant revenu à Moi afin d'être un pilier d'immortalité dans le temple de Mon Existence éternelle. »

Paramahansa Yogananda
La quête éternelle de l'homme

22 septembre — La perfection

Vous punissez l'âme en la gardant enterrée d'une vie à l'autre, ensommeillée dans la matière, terrifiée par des cauchemars faits de souffrance et de mort. Prenez conscience de ce que vous êtes l'âme ! Souvenez-vous que le Sentiment derrière votre sentiment, la Volonté derrière votre volonté, le Pouvoir derrière votre pouvoir, la Sagesse derrière votre sagesse sont le Seigneur infini. Unissez le sentiment du cœur et la raison de l'esprit dans un équilibre parfait. Dans la forteresse de votre calme imperturbable, rejetez encore et encore toute identification avec des titres terrestres et plongez dans les profondeurs de la méditation pour réaliser votre royauté divine.

Paramahansa Yogananda
La quête éternelle de l'homme

23 septembre — La perfection

Ne perdez pas votre temps à chercher des bagatelles. Il est naturellement plus facile d'obtenir d'autres dons de Dieu que le don suprême de Lui-même. Mais ne vous contentez de rien de moins que le maximum.

Paramahansa Yogananda
Comment converser avec Dieu

24 septembre — La perfection

Pendant que d'autres perdent leur temps à la légère, vous, perdez-vous en Dieu et vous irez de l'avant. Que votre exemple change la vie des autres ! Transformez-vous et vous transformerez des milliers de gens.

Paramahansa Yogananda,
dans *Rajarsi Janakananda: A Great Western Yogi*

25 septembre La perfection

Grâce à la pratique de cette clé qu'est le *kriya*, les personnes qui ne peuvent se résoudre à croire à la divinité d'un être humain pourront finalement contempler leur propre être dans toute sa divinité.

Paramahansa Yogananda
Autobiographie d'un yogi

26 septembre — La perfection

Mahasamadhi de Lahiri Mahasaya

À dix heures du matin, un jour après que le corps de Lahiri Mahasaya eut été offert aux flammes, le maître, ressuscité dans un corps réel mais transfiguré, apparut devant trois de ses disciples, chacun d'eux habitant dans une ville différente.

« Lorsque ce corps corruptible aura revêtu l'incorruptibilité, et que ce corps mortel aura revêtu l'immortalité, alors s'accomplira la parole qui est écrite : La mort a été engloutie dans la victoire. Ô mort, où est ta victoire ? Ô mort, où est ton aiguillon ? » (I Corinthiens 15, 54-55).

Paramahansa Yogananda
Autobiographie d'un yogi

27 septembre   **La perfection**

Il suffit de la lumière d'une seule lune pour dissiper les ténèbres des cieux. Il en va de même pour une seule âme exercée à connaître Dieu, une âme toute habitée par la dévotion véritable, la quête sincère, l'intensité ; une âme qui, où que son cours l'emmène, dissipe l'obscurité spirituelle des autres.

Paramahansa Yogananda
La quête éternelle de l'homme

28 septembre — La perfection

Il vous faut changer l'objet de votre attention et vous concentrer non pas sur l'échec mais sur le succès, non pas sur vos préoccupations mais sur la tranquillité de votre âme, non pas sur vos pensées vagabondes mais sur un sentiment de paix ; et de ce sentiment de paix, passer à la divine béatitude intérieure. Lorsque vous parviendrez à cet état de réalisation, vous aurez glorieusement atteint le but de votre vie.

Paramahansa Yogananda
La loi du succès

29 septembre — La perfection

Méditez sans cesse afin de vous percevoir rapidement en tant qu'Essence infinie, libre de toute forme de souffrance. Cessez d'être un prisonnier du corps ; en vous servant de la clé secrète du *kriya*, apprenez à vous évader en l'Esprit.

Lahiri Mahasaya,
dans *Autobiographie d'un yogi*

30 septembre — La perfection

Anniversaire de la naissance de Lahiri Mahasaya

Je suis toujours avec ceux qui pratiquent le *kriya*. Je vous guiderai vers la Demeure cosmique à travers vos perceptions spirituelles toujours grandissantes.

Lahiri Mahasaya,
dans *Autobiographie d'un yogi*

PENSÉE SPÉCIALE POUR LE MOIS D'OCTOBRE

Jour de l'Action de grâces

Pour les nombreuses bénédictions que vous recevez, soyez reconnaissants *chaque jour*, et pas seulement quand le calendrier indique le temps de l'Action de grâces. La prospérité matérielle ne doit pas être la raison de votre gratitude. Que vos possessions matérielles soient importantes ou réduites, vous serez toujours riches des dons de Dieu. Aimez-Le, non pas pour les choses extérieures qu'Il peut vous donner, mais pour le Don de Lui-même offert en tant que votre Père.

Paramahansa Yogananda
Revue de la Self-Realization

1ᵉʳ octobre — L'équilibre

Mahavatar Babaji à Lahiri Mahasaya : « Les millions de personnes croulant sous les obligations familiales et les lourdes responsabilités de la vie reprendront courage grâce à toi, un chef de famille comme eux… Un nouveau souffle d'espoir divin emplira tel un doux zéphyr le cœur aride des gens matérialistes. Par l'exemple de ta vie équilibrée, ils comprendront que la libération dépend davantage des renonciations intérieures qu'extérieures.

Mahavatar Babaji,
dans Autobiographie d'un yogi

2 octobre — L'équilibre

Ce n'est pas en menant une vie décousue, mais une vie stable et équilibrée que vous vous attirerez les bénédictions des maîtres. Alors, le mal ne vous utilisera jamais comme instrument.

> Paramahansa Yogananda,
> dans un entretien aux disciples

3 octobre — L'équilibre

Lorsque vous travaillez pour Dieu et non pour le soi, c'est tout aussi valable que la méditation. Alors, travailler vous aide à méditer et méditer vous aide à travailler. Vous avez besoin d'équilibre. Si vous ne faites que méditer, vous devenez paresseux. Si vous ne faites qu'agir, votre esprit devient matérialiste et vous en oubliez Dieu.

Paramahansa Yogananda
Ainsi parlait Paramahansa Yogananda

4 octobre — L'équilibre

Ne donnez pas de l'importance aux choses qui n'en ont pas et ne vous concentrez pas sur des futilités au détriment des questions primordiales, sinon vous compromettrez vos progrès. Les actions impulsives, non conformes à vos véritables devoirs, sont à proscrire.

Paramahansa Yogananda,
dans un *Paragramme*

5 octobre — L'équilibre

Que vous souffriez dans cette vie ou que vous souriiez au sein de l'opulence ou au faîte du pouvoir, votre conscience devrait rester inchangée. Si vous pouvez parvenir à cette équanimité, rien ne pourra jamais vous faire de mal. La vie de tous les grands maîtres montre qu'ils ont atteint cet état bienheureux.

Paramahansa Yogananda
La quête éternelle de l'homme

6 octobre — L'équilibre

Je serai calmement actif et activement calme. Je me garderai bien de succomber à la paresse ou de me calcifier mentalement. Je ne verserai pas non plus dans l'hyperactivité en me montrant capable de gagner de l'argent, mais incapable de jouir de la vie. Je méditerai régulièrement pour maintenir un véritable équilibre intérieur.

Paramahansa Yogananda
Méditations métaphysiques

7 octobre — L'équilibre

Le matériel et le spirituel ne sont que les deux moitiés d'un seul univers, d'une seule et même vérité. En mettant trop l'accent sur l'un ou sur l'autre, l'être humain manque de réaliser l'équilibre nécessaire à un développement harmonieux… Pratiquez l'art de vivre en ce monde sans pour autant perdre la paix intérieure de votre esprit. Suivez le sentier de l'équilibre afin d'atteindre le merveilleux jardin intérieur de la réalisation du Soi.

Paramahansa Yogananda,
dans un *Paragramme*

8 octobre — L'équilibre

Ne confondez pas la compréhension avec un vocabulaire plus étendu. Les Écritures sacrées sont précieuses pour stimuler le désir de réalisation intérieure à condition d'assimiler lentement un verset à la fois. Sinon, l'étude intellectuelle permanente peut entraîner de la vanité, de la fausse satisfaction et des connaissances non digérées.

Swami Sri Yukteswar,
dans *Autobiographie d'un yogi*

9 octobre — L'équilibre

Bien que vous deviez demeurer dans le monde, ne soyez pas de ce monde. Les véritables yogis sont capables de parler et de se mêler aux gens, mais ce faisant, leur esprit est totalement absorbé en Dieu.

Paramahansa Yogananda
Leçons de la SRF

10 octobre — L'équilibre

Des millions de gens vivent une vie unilatérale et trépassent dans l'incomplétude. Dieu a donné à chacun d'entre nous une âme, un esprit et un corps que nous devrions essayer de développer de manière égale. Si vous avez mené une vie sous des influences matérialistes, ne permettez pas à ce monde de vous imposer ses illusions plus longtemps. Vous devriez désormais régir votre propre vie ; vous devriez devenir le souverain du royaume mental qui est le vôtre. Les peurs et les soucis, le mécontentement et le malheur, tout cela résulte d'une vie qui n'est pas placée sous l'empire de la sagesse.

Paramahansa Yogananda
Leçons de la SRF

11 octobre — Le courage

Regardez la peur en face et elle cessera de vous tourmenter.

>Swami Sri Yukteswar,
>dans *Autobiographie d'un yogi*

12 octobre — Le courage

Maintenant, je sais que je suis un lion de pouvoir cosmique. Ne geignant plus, je fais trembler la forêt des erreurs avec les réverbérations de Ta voix toute-puissante. En divine liberté, je bondis à travers la jungle des illusions terrestres en dévorant les petites créatures des contrariétés et des timidités ainsi que les hyènes féroces de l'incrédulité.

Ô Lion libérateur, à travers moi, émets à jamais Ton rugissement de courage menant à la victoire totale.

Paramahansa Yogananda
Whispers from Eternity

13 octobre — Le courage

Montre-moi comment être courageux, dans la prudence et la ténacité, au lieu de céder trop souvent à la frayeur. Je n'aurai peur de rien, sauf de moi-même et de mes tentatives de leurrer ma propre conscience.

Paramahansa Yogananda
Méditations métaphysiques

14 octobre — Le courage

Dans l'éducation, on n'insiste pas assez sur la valeur du courage pour le caractère. Nous devons apprendre à *endurer*. Et la seule façon d'apprendre cela passe par l'endurance. Le courage manifeste le triomphe éclatant de l'âme sur la chair.

Sri Gyanamata
God Alone: The Life and Letters of a Saint

15 octobre — Le courage

Ne prenez pas les expériences de la vie trop au sérieux. Par-dessus tout, ne permettez pas qu'elles vous blessent, car en réalité, elles ne sont rien que des expériences de rêves… Si les circonstances sont néfastes et que vous devez les supporter, ne les faites pas vôtres. Jouez votre rôle dans la vie, mais n'oubliez jamais que ce n'est qu'un rôle. Ce que vous perdez dans le monde ne sera pas une perte pour votre âme. Ayez confiance en Dieu et détruisez la peur qui paralyse toutes les tentatives de réussite et attire la chose même que vous redoutez.

Paramahansa Yogananda,
dans un *Paragramme*

16 octobre — Le courage

Je ris de toutes les peurs, car mon Dieu bien-aimé, qui est à la fois mon Père et ma Mère, me couve de son regard aimant et attentif partout où je vais, bien décidé à me protéger contre les tentations du mal.

Paramahansa Yogananda
Méditations métaphysiques

17 octobre — Le courage

Intrépidité signifie foi en Dieu : foi en Sa protection, Sa justice, Sa sagesse, Sa miséricorde, Son amour et Son omniprésence… Pour être digne de la réalisation du Soi, une personne ne doit pas connaître la peur.

Paramahansa Yogananda
God Talks With Arjuna: The Bhagavad Gita

18 octobre — Le courage

Le disciple avisé doit être prudent plutôt que craintif. Il doit cultiver un esprit courageux sans pour autant s'exposer imprudemment à des circonstances pouvant susciter des appréhensions en lui.

Paramahansa Yogananda
Revue de la Self-Realization

19 octobre — Le courage

J'ai versé mon sang pour Ton nom. Et pour l'amour de Ton nom, je suis prêt à le verser encore et toujours. Tel un vaillant guerrier aux membres ensanglantés, le corps meurtri, l'honneur blessé, couronné d'épines de dérision, sans peur et sans effroi je poursuis la lutte. Mes cicatrices, je les porte comme des roses de courage qui m'inspirent à persévérer dans mon combat contre le mal.

Il se peut que je continue à subir des coups sur mes bras secourables tendus vers les autres et à recevoir des persécutions en guise d'amour, mais mon âme se baignera à jamais au soleil de Tes bénédictions, ô Seigneur. Tu guides les campagnes de Ton soldat conquérant pour Toi les contrées des cœurs humains présentement opprimés par la tristesse.

Paramahansa Yogananda
Whispers from Eternity

20 octobre — Le courage

N'ayez peur de rien sauf de la peur, qu'il faut redouter... Peu importent vos épreuves, souvenez-vous que vous n'êtes pas trop faibles pour lutter. Dieu ne permettra pas que vous soyez éprouvés au-delà de ce que vous pouvez supporter.

Paramahansa Yogananda
Revue de la Self-Realization

21 octobre — Vaincre la tentation

La pire de toutes les tentations est l'agitation. Elle est le mal parce qu'en retenant votre attention fixée sur le monde, elle fait que vous restez dans l'ignorance de Dieu. Si vous méditez régulièrement, vous serez continuellement avec Dieu.

Paramahansa Yogananda
Leçons de La SRF

22 octobre — Vaincre la tentation

Le mal a du pouvoir. Si vous le côtoyez, il vous agrippera. Lorsque vous faites un faux pas, revenez immédiatement sur les sentiers de la droiture.

Paramahansa Yogananda
Ainsi parlait Paramahansa Yogananda

23 octobre — Vaincre la tentation

Lorsque vous permettez à la tentation de vous vaincre, votre sagesse devient prisonnière. La façon la plus rapide de bannir la tentation consiste à dire d'abord « non » puis à fuir l'environnement en question ; plus tard, une fois que vous avez retrouvé votre calme et votre sagesse, analysez la situation.

Paramahansa Yogananda
Leçons de la SRF

24 octobre — Vaincre la tentation

Les ennemis les plus tenaces de l'homme sont les désirs et il ne peut les apaiser. N'ayez qu'un seul désir : connaître Dieu. Satisfaire les désirs sensoriels ne peut vous rassasier, car vous n'êtes pas les sens. Ils ne sont que vos serviteurs, non votre Soi.

Paramahansa Yogananda
Ainsi parlait Paramahansa Yogananda

25 octobre — Vaincre la tentation

Nous n'avons pas créé la tentation. Elle fait partie du monde de *maya* (l'illusion) et tous les hommes y sont sujets. Mais pour que nous puissions nous en libérer, Dieu nous a donné la raison, la conscience et la volonté.

Paramahansa Yogananda
La quête éternelle de l'homme

26 octobre — Vaincre la tentation

La tentation ne signifie pas seulement faire quelque chose de mal d'un point de vue moral ou matériel. C'est aussi oublier votre âme en vous laissant trop absorber par le corps et ses aises.

Paramahansa Yogananda
Leçons de La SRF

27 octobre — Vaincre la tentation

La tentation est un poison enrobé de sucre ; elle a un goût délicieux, mais la mort est certaine. Le bonheur que les gens recherchent dans ce monde ne dure pas. La joie divine est éternelle. Aspirez à ce qui est durable et rejetez les plaisirs éphémères de la vie sans faire de sentiment. Vous devez être fermes. Ne laissez pas le monde vous gouverner. N'oubliez jamais que le Seigneur est la seule réalité. (…) Votre véritable bonheur réside dans votre expérience du Seigneur.

Paramahansa Yogananda
La quête éternelle de l'homme

28 octobre — Vaincre la tentation

Pourrez-vous demain mieux combattre les mauvaises habitudes que vous ne le faites aujourd'hui ? Pourquoi ajouter les erreurs de ce jour à celles d'hier ? Tôt ou tard vous devrez vous tourner vers Dieu, aussi ne vaut-il pas mieux le faire maintenant ? Abandonnez-vous simplement à Lui en disant : « Seigneur, bon ou méchant, je suis Ton enfant. Tu dois t'occuper de moi ! » Si vous persévérez dans vos efforts, vous allez vous améliorer. « Un saint est un pécheur qui jamais n'abandonna. »

Paramahansa Yogananda
Ainsi parlait Paramahansa Yogananda

29 octobre — Vaincre la tentation

Rappelez-vous qu'en tant qu'enfant de Dieu, vous êtes doté d'une force supérieure à celle dont vous aurez besoin pour surmonter toutes les épreuves que Dieu peut vous envoyer.

Paramahansa Yogananda
La quête éternelle de l'homme

30 octobre — Vaincre la tentation

La méthode préconisée jadis consistait à nier la tentation ou à la réprimer. Vous devez, quant à vous, apprendre à *maîtriser* la tentation. Ce n'est pas péché que d'être tenté. Même si vous brûlez de tentation, vous n'êtes pas dans le mal ; mais si vous cédez à la tentation, vous êtes temporairement sous l'emprise du mal. Vous devez ériger autour de vous des parapets de sagesse pour vous protéger. Pour lutter contre la tentation il n'y a pas de force plus puissante à votre service que la sagesse. Une parfaite compréhension vous amènera au stade où rien ne pourra vous tenter à faire des choses qui vous promettent du plaisir, mais qui, au bout du compte, ne vous font que du mal.

Paramahansa Yogananda
Leçons de La SRF

31 octobre — Vaincre la tentation

Lorsque notre manière erronée de penser nous a fait tomber dans l'erreur, nous devrions prier Dieu ainsi : « Père, ne nous laisse pas là, mais tire-nous de l'erreur par la force de notre raison et de notre volonté. Et quand nous en serons sortis, si c'est Ta volonté de nous éprouver davantage, révèle-Toi d'abord à nous afin que nous puissions réaliser que Tu es plus tentant que la tentation. »

Paramahansa Yogananda
La quête éternelle de l'homme

1ᵉʳ novembre — La simplicité

Dans la vie spirituelle, on devient tout comme un petit enfant : sans ressentiment, sans attachement, plein de vie et de joie.

Paramahansa Yogananda
Ainsi parlait Paramahansa Yogananda

2 novembre — La simplicité

Je chante un cantique qu'aucune autre voix n'a chanté… À Toi, ô Esprit, je ne chante pas un grand air, de ceux très réfléchis, construits d'avance et bien disciplinés ; non, rien que les accents naturels de mon cœur. Pour Toi, pas de fleurs cultivées en serres chaudes, arrosées de sentiments mesurés ; rien que des fleurs rares et sauvages qui poussent spontanément dans les régions les plus élevées de mon âme.

Paramahansa Yogananda
Whispers from Eternity

3 novembre — La simplicité

Pourquoi considérez-vous ce qui n'est pas essentiel comme important ? La majorité des gens se concentrent sur le petit déjeuner, le déjeuner, le dîner, le travail, les activités sociales, etc. Simplifiez votre vie et mettez tout votre esprit en Dieu.

Paramahansa Yogananda
Comment converser avec Dieu

4 novembre — La simplicité

Il n'est pas mauvais de confier au Seigneur qu'on désire quelque chose, mais c'est faire preuve d'une plus grande foi que de tout simplement dire : « Père céleste, je sais que Tu anticipes chacun de mes besoins. Soutiens-moi selon Ton bon vouloir ! »

Paramahansa Yogananda
Ainsi parlait Paramahansa Yogananda

5 novembre — La simplicité

Vous pensez qu'il est nécessaire que vous ayez ceci ou cela pour pouvoir être heureux. Mais quel que soit le nombre de désirs que vous ayez pu satisfaire, vous ne trouverez jamais le bonheur à travers eux. Plus vous avez, plus vous désirez. Apprenez à vivre dans la simplicité. Le Seigneur Krishna a dit: «L'esprit de celui dont les désirs refluent toujours vers l'intérieur est empli de contentement. Cet homme est tel un océan étale et immuable qui reste rempli à ras bords parce que ses eaux affluent constamment. Celui qui par ses désirs perce des trous dans son réservoir de paix et laisse les eaux s'en échapper n'est pas un *muni*.»

Paramahansa Yogananda
La quête éternelle de l'homme

6 novembre — La simplicité

Mon guru Sri Yukteswarji se montrait réticent à discuter des royaumes supraphysiques. La seule chose «surnaturelle» était son aura d'une parfaite simplicité. Dans la conversation, il évitait les allusions saisissantes; dans l'action, il s'exprimait à son aise.

Paramahansa Yogananda
Autobiographie d'un yogi

7 novembre — La simplicité

Dieu m'a prouvé que lorsqu'Il est avec moi, tous les besoins soi-disant «vitaux» deviennent superflus. Quand vous vivez dans cet état de conscience, vous rayonnez d'une santé, d'une joie et d'une richesse intérieure en tous points supérieure à la moyenne. Ne cherchez pas à satisfaire des désirs insignifiants; ils vous détourneront de Dieu. Passez dès maintenant au stade expérimental: simplifiez-vous la vie et soyez un roi.

Paramahansa Yogananda
La quête éternelle de l'homme

8 novembre — La simplicité

Chaque chose a sa place, mais quand vous gaspillez du temps au détriment de votre véritable bonheur, c'est malsain. J'ai laissé tomber toute activité non nécessaire afin de pouvoir méditer et essayer de connaître Dieu, de manière à être jour et nuit en Sa divine conscience.

Paramahansa Yogananda
Revue de la Self-Realization

9 novembre — La simplicité

Nous mettons trop d'emphase sur les sentiments, même s'il faut admettre que ressentir des sentiments agréables est un grand plaisir. En quoi donc la façon de vous sentir importe-t-elle ? Supportez votre sort aussi longtemps qu'il en est de la volonté de Dieu. Agissez correctement et, en temps et lieu, le véritable sentiment de paix et de joie sera au rendez-vous.

Sri Gyanamata
God Alone: The Life and Letters of a Saint

10 novembre — La simplicité

Il est tellement merveilleux d'être en harmonie avec Dieu et de Lui faire confiance de manière implicite, d'être content partout où Il vous place et de tout ce qu'Il fait de vous, acceptant tout avec humilité et dévotion.

Paramahansa Yogananda
Revue de la Self-Realization

11 novembre — La dévotion

Ayez de la dévotion ! Rappelez-vous les paroles de Jésus : « Je Te loue, Père, de ce que Tu as caché ces choses aux sages et aux intelligents, et de ce que Tu les as révélées aux enfants. »

Paramahansa Yogananda
Ainsi parlait Paramahansa Yogananda

12 novembre — La dévotion

Dieu dit : « À l'appel rempli de dévotion de cet enfant Mien qui lutte, prie et médite afin de Me connaître dans son corps, son esprit et son âme en tant que Joie omniprésente et toujours nouvelle – en tant que Félicité méditative incommensurable – J'apporte une riche et silencieuse réponse. »

Paramahansa Yogananda
Leçons de la SRF

13 novembre — La dévotion

Le Dieu en quête de cœurs ne veut qu'une chose: votre amour sincère. Il est comme un petit enfant. Quelqu'un Lui offrirait-il toutes ses richesses qu'il les rejetterait. Mais pour peu qu'un autre s'écrie: «Ô Seigneur, je T'aime!» que déjà Il se précipite dans ce cœur.

Ne cherchez pas Dieu avec des arrière-pensées, mais priez-Le avec dévotion, et que votre dévotion soit inconditionnelle, pleine de fermeté et de fixité. Quand votre amour pour Lui sera aussi grand que votre attachement pour votre corps mortel, Il viendra à vous.

Paramahansa Yogananda
La quête éternelle de l'homme

14 novembre — La dévotion

Souvenez-vous qu'en votre volonté se trouve la volonté de Dieu. Dans votre cœur, vous ne devez rien aimer davantage que Dieu, qui est un Dieu «jaloux». Si c'est Lui que vous voulez, vous devez avoir la volonté d'extirper de votre cœur tous les désirs pour n'y laisser que le désir de Dieu.

Paramahansa Yogananda
Leçons de la SRF

15 novembre — La dévotion

La prière dans laquelle votre âme et tout votre être se consument de désir pour Dieu est la seule prière efficace. Vous avez certainement déjà prié ainsi dans votre vie, sans nul doute ; peut-être étiez-vous dans une situation extrême ou aviez-vous grand besoin d'argent. En tout cas, votre désir était si intense que vous avez dû électriser l'éther. Votre relation avec Dieu devrait être de cette nature. Parlez-Lui jour et nuit ; vous verrez qu'Il vous répondra.

Paramahansa Yogananda
La quête éternelle de l'homme

16 novembre — La dévotion

Aimez-Le, parlez-Lui à chaque seconde de votre vie, dans l'activité et dans le silence, dans une prière intense, dans un désir incessant de votre cœur, et vous verrez cet écran illusoire fondre et disparaître. Celui qui joue à cache-cache dans la beauté des fleurs, dans les âmes, dans les nobles passions et dans les rêves, S'avancera et dira : « Toi et moi, nous avons longtemps été séparés, parce que Je voulais que tu Me donnes ton amour de ton plein gré. Tu es fait à Mon image et Je voulais voir si tu utiliserais ta liberté pour Me donner ton amour. »

Paramahansa Yogananda
La quête éternelle de l'homme

17 novembre — La dévotion

Vous ne devriez pas vous concentrer sur la pensée que la dévotion vous fait défaut, mais vous devriez plutôt travailler à la développer. Pourquoi vous vexer parce que Dieu ne S'est pas manifesté à vous ? Pensez à tout le temps pendant lequel vous L'avez ignoré. Méditez davantage, allez en profondeur... En changeant vos habitudes, vous réveillerez en votre cœur la mémoire de Son Être merveilleux et, Le connaissant, il n'y a aucun doute que vous L'aimerez. »

Paramahansa Yogananda
Ainsi parlait Paramahansa Yogananda

18 novembre — La dévotion

Le cœur d'un vrai disciple répète sans cesse : « Seigneur, Seigneur, je ne veux pas me laisser prendre au piège dans le drame illusoire de Ta création. Je ne veux rien en savoir, sauf pour aider à établir Ton temple dans l'âme des êtres humains. Mon cœur, mon âme, mon corps et mon esprit, – tout n'appartient qu'à Toi. » Une telle dévotion monte jusqu'à Dieu. Ce disciple-là finira par Le connaître.

Paramahansa Yogananda
Revue de la Self-Realization

19 novembre — La dévotion

Ne laissez personne connaître la profondeur de votre relation avec le Seigneur. Le Maître de l'univers connaît votre amour ; ne le dévoilez pas à autrui, sans quoi vous pourriez le perdre.

Paramahansa Yogananda
La quête éternelle de l'homme

20 novembre — La dévotion

On trouve le Seigneur grâce à une dévotion continuelle. Quand vous ne désirerez que le Donateur et non Ses présents, alors Il viendra à vous.

Paramahansa Yogananda
Revue de la Self-Realization

21 novembre — La gratitude

Chaque jour devrait être une journée d'action de grâces pour les cadeaux de la vie : l'éclat du soleil, l'eau, les fruits et les légumes exquis, autant de présents indirects du Grand Bienfaiteur. Dieu nous fait travailler pour mériter de recevoir Ses dons. Celui qui Se suffit à Lui-même n'a pas besoin de nos remerciements quoique sincères, mais lorsque nous Lui manifestons de la reconnaissance, notre attention est dirigée, pour notre plus grand profit, sur la Grande Source de tout ravitaillement.

Paramahansa Yogananda
Revue de la Self-Realization

22 novembre — La gratitude

Nos êtres chers promettent de nous aimer pour toujours; pourtant, quand ils sombrent dans le Grand Sommeil, laissant derrière eux leurs souvenirs terrestres, que valent donc leurs vœux pieux ? Qui, sans dire un seul mot, nous aime éternellement ? Qui se souvient de nous quand tous les autres nous oublient ? Qui sera encore à nos côtés quand que nous devrons quitter les amis d'ici-bas ? Dieu seul !

Paramahansa Yogananda
Whispers from Eternity

23 novembre   **La gratitude**

Quand l'été de la bonne fortune réchauffe mon arbre de vie, il bourgeonne sans peine et fait éclore d'odorantes fleurs de gratitude. Durant les mois d'hiver où la fortune ne me sourit plus, Ô Seigneur, puissent mes branches dénudées ne pas cesser d'exhaler vers Toi une secrète senteur de gratitude.

Paramahansa Yogananda
Whispers from Eternity

24 novembre — La gratitude

La reconnaissance et la louange ouvrent en votre conscience la voie qui permet aux forces de croissance spirituelle de venir à vous. L'Esprit s'engouffre dans la manifestation visible dès que s'ouvre un canal lui permettant de se répandre. Vous devriez être reconnaissants pour tout et en tout temps. Prenez conscience que tout pouvoir de penser, de parler et d'agir vient de Dieu, et qu'en ce moment même, Il est avec vous, vous guidant et vous inspirant.

Paramahansa Yogananda,
message pour l'Action de grâces

25 novembre — La gratitude

En l'un de Ses aspects les plus touchants, le Seigneur peut être appelé mendiant. Il se languit de notre attention. Le Maître de l'Univers sous le regard de qui tous les astres, les soleils, les lunes et les étoiles tressaillent, pourchasse l'être humain et lui dit : « Ne M'accorderas-tu ton affection ? Ne M'aimes-tu pas, Moi le Donateur, plus que toutes les choses que J'ai faites pour toi ? Ne viendras-tu point à Ma recherche ? »

Mais l'être humain dit : « Je suis trop occupé en ce moment ; j'ai du travail à faire. Je ne peux pas prendre du temps pour Te chercher. » Et le Seigneur dit : « J'attendrai. »

Paramahansa Yogananda
Ainsi parlait Paramahansa Yogananda

26 novembre — La gratitude

Nous tendons les mains afin de recevoir Ses dons de vie, le soleil, la nourriture et toutes les choses qu'Il nous accorde généreusement ; mais tandis que nous les recevons, nous n'avons même pas une pensée pour le Donneur. Si vous avez offert avec amour un présent à quelqu'un et que vous découvrez ensuite qu'il ne pense jamais à vous, comme vous vous sentez blessés ! Dieu ressent la même chose.

Paramahansa Yogananda
La quête éternelle de l'homme

27 novembre — **La gratitude**

L'Inde, en la personne de l'un de ses grands maîtres, Paramahansa Yogananda, nous a apporté cette connaissance inestimable de la réalisation de l'âme. Comme nous devrions être reconnaissants envers ce peuple dont les hommes les plus illustres, à travers les siècles, ont donné leur vie, ont renoncé à tout, afin d'explorer les divines possibilités en l'être humain ! Ce que l'Inde nous donne aujourd'hui dans l'enseignement de Paramahansaji a plus de valeur pour nous que tout ce que nous pourrions offrir à ce pays en échange. De nos jours, les Occidentaux sont dans le criant besoin d'une technique spirituelle pour développer les ressources de leur âme. Cette technique est le *kriya yoga*, une science ancienne qui nous a été apportée pour la première fois par un maître venu de l'Inde.

Rajarsi Janakananda,
dans *Rajarsi Janakananda: A Great Western Yogi*

28 novembre   La gratitude

Rien en ce monde n'est aussi divinement grisant que mon Dieu bien-aimé. Je bois sans cesse de ce Nectar. « Ô Vin hors d'âge de mon Âme, tandis que je Te bois en mon océan intérieur, je m'aperçois que Tu es intarissable ! Tu es un firmament rempli de bonheur, étalant toutes les étoiles de l'univers, palpitant à jamais en mon cœur. »

Paramahansa Yogananda,
message pour l'Action de grâces

29 novembre — **La gratitude**

Au fond de votre esprit, fredonnez sans cesse un chant silencieux d'amour et de dévotion à votre Bien-Aimé Père céleste, en vous souvenant que tous vos talents sont des dons venant de Lui.

Paramahansa Yogananda
Leçons de la SRF

30 novembre — La gratitude

Ô Père, quand j'étais aveugle, je ne trouvais pas d'issue menant à Toi. Tu as guéri mes yeux ; à présent, je découvre des portes partout : dans le cœur des fleurs, dans les voix de l'amitié, dans le souvenir de douces expériences. Chaque rafale de ma prière ouvre un nouvel accès au vaste temple de Ta présence.

Paramahansa Yogananda
Whispers from Eternity

PENSÉE SPÉCIALE POUR LE MOIS DE DÉCEMBRE

La véritable célébration de Noël consiste à réaliser en nous-mêmes la Conscience christique. Il est de la plus haute importance pour tout être humain, quelle que soit sa religion, de faire en son for intérieur l'expérience de cette «naissance» du Christ universel.

L'univers est le corps du Christ : à l'intérieur de celui-ci se trouve, partout présente et sans limites, la Conscience christique. Lorsque vous pourrez, en fermant les yeux et en méditant, élargir votre conscience jusqu'à ressentir l'univers entier comme étant votre propre corps, alors le Christ sera né en vous. Vous saurez que votre esprit est une petite vague de cet océan de Conscience cosmique où réside le Christ.

La Self-Realization Fellowship a introduit l'usage de dédier une journée entière en adoration méditative au Christ, et cette idée ne mourra jamais. De même qu'au siège de Los Angeles nous célébrons spirituellement la naissance du Christ le 23 décembre par une journée complète de méditation, de même aussi que le 23 décembre soit mis à profit par tous les disciples du Christ pour le Noël spirituel ; passez cette journée entière à atteindre de nouvelles profondeurs dans la méditation. Ensuite, vivez la journée du 25 décembre comme le Noël dans la société de vos parents et amis en célébrant les festivités de cette époque sacrée de l'année.

L'un des signes les plus encourageants d'une renaissance spirituelle dans le monde d'aujourd'hui est la volonté grandissante des chrétiens de commémorer la naissance de Jésus par ces réunions placées sous le signe de la méditation prolongée. Cette coutume spirituelle de la méditation de Noël finira par être adoptée par tous les chrétiens, – je vous le prédis.

Paramahansa Yogananda
Revue de la Self-Realization

1ᵉʳ décembre — La solitude

Le sentier spirituel est comme le fil du rasoir. Il n'est pas simple du tout. La solitude est le prix de la grandeur et de la réalisation divine. Quand je suis seul, je suis avec Dieu. C'est ainsi que vous devriez être.

Paramahansa Yogananda,
dans une conversation avec des disciples

2 décembre — La solitude

N'ayez pas trop de familiarités avec les gens. Les amitiés ne nous satisferont pas, à moins d'être enracinées en l'amour mutuel pour le Seigneur. Notre désir humain d'obtenir la compréhension bienveillante des autres est en réalité la volonté de l'âme de s'unir à Dieu. Plus nous cherchons à satisfaire extérieurement ce désir, moins nous pourrons trouver le Compagnon divin.

Paramahansa Yogananda
Ainsi parlait Paramahansa Yogananda

3 décembre — La solitude

Tenez un journal quotidien de votre vie spirituelle. J'avais coutume de noter le temps passé chaque jour à méditer et la profondeur de mes méditations. Recherchez le plus possible la solitude. Ne passez pas vos loisirs à fréquenter la société sous toutes sortes de prétextes. L'amour divin se trouve difficilement quand on est en groupes.

Paramahansa Yogananda
La quête éternelle de l'homme

4 décembre — La solitude

« Je m'en vais dans les montagnes afin d'être seul avec Dieu », confia un étudiant à Paramahansa Yogananda.

« Tu ne feras pas de progrès spirituel en agissant de la sorte, répondit Yoganandaji. Ton mental n'est pas encore prêt à se concentrer profondément sur la nature de l'Esprit. Même si tu restes dans une caverne, tes pensées s'attarderont principalement sur tes souvenirs des gens et les distractions de ce monde. Accomplir tes devoirs avec de l'enthousiasme, jumelé à la méditation quotidienne, est la voie par excellence. »

Paramahansa Yogananda
Ainsi parlait Paramahansa Yogananda

5 décembre — La solitude

Tant que vous n'aurez pas trouvé Dieu, il vaut mieux ne pas vous intéresser aux distractions. Rechercher les diversions signifie que vous L'oubliez. Tout d'abord, apprenez à L'aimer et à Le connaître. Ensuite, peu importe ce que vous ferez, Il ne quittera jamais vos pensées.

Paramahansa Yogananda
Ainsi parlait Paramahansa Yogananda

6 décembre — La solitude

Ne plaisantez pas sans arrêt avec tout un chacun. Soyez heureux et joviaux par en-dedans. Pourquoi dissiper en conversations futiles les perceptions que vous avez acquises ? Les mots sont comme des balles de fusil : lorsque vous en dépensez la force en conversations oiseuses, votre réserve de munitions intérieures est gaspillée. Votre conscience est comme un seau à lait : quand vous le remplissez de la paix issue de la méditation, sachez le garder en cet état. Plaisanter est souvent un faux divertissement qui fore des trous dans les parois de votre seau, permettant à tout le lait de votre paix de s'échapper.

Paramahansa Yogananda,
dans une conversation avec des disciples

7 décembre — La solitude

Isolez-vous intérieurement. Ne menez pas une vie futile comme tant d'autres le font. Méditez davantage et lisez plus de bons livres… De temps en temps, on peut aller au cinéma et se divertir en société, mais pour l'essentiel, restez à l'écart et cultivez votre jardin intérieur… Jouissez de la solitude ; mais quand vous voulez rencontrer les autres, faites-le avec tout votre amour et toute votre amitié afin que ces personnes ne puissent pas vous oublier, mais se souviennent toujours qu'elles ont rencontré quelqu'un qui les a inspirées et qui a tourné leur esprit vers Dieu.

Paramahansa Yogananda
La quête éternelle de l'homme

8 décembre — Le silence

La véritable pratique de la religion consiste à s'asseoir, immobile, en méditation et à parler à Dieu. Le problème est que vous n'atteignez pas le degré d'intensité nécessaire, que vous ne vous concentrez pas suffisamment et c'est pourquoi vous demeurez dans l'illusion.

Paramahansa Yogananda
La quête éternelle de l'homme

9 décembre — Le silence

Le silence coutumier de Sri Yukteswar était dû à ses profondes perceptions de l'Infini. Il ne restait pas de temps pour les interminables «révélations» meublant les jours des enseignants sans réalisation du Soi. Un adage des Écritures hindoues précise: «Chez les personnes de peu de profondeur, les poissons des pensées superficielles provoquent beaucoup d'agitation. Dans les esprits de profondeur océanique, les baleines de l'inspiration causent à peine un remous.»

Paramahansa Yogananda
Autobiographie d'un yogi

10 décembre — Le silence

Ce que vous apprenez dans la méditation, appliquez-le dans vos activités et vos conversations ; ne laissez personne vous déloger de cet état de calme. Maintenez votre paix… Ne perdez pas votre temps et votre précieuse énergie en conversations oiseuses. Mangez en silence ; travaillez en silence. Dieu aime le silence.

Paramahansa Yogananda
Leçons de la SRF

11 décembre — Le silence

Organisez votre environnement intérieur. Pratiquez le silence! Je me souviens de la merveilleuse discipline des Grands Maîtres. Quand nous nous mettions à parler et à bavarder, ils disaient: «Retournez dans votre château intérieur!» C'était bien difficile à saisir en ce temps-là, mais maintenant, je comprends cette voie de paix qui nous était montrée.

Paramahansa Yogananda
Leçons de la SRF

12 décembre — Le silence

Mon silence, pareil à une sphère en expansion, se répand partout.

Mon silence, comme une chanson à la radio, se diffuse en haut, en bas, à gauche, à droite, à l'intérieur et à l'extérieur.

Mon silence propage sa félicité à la façon d'un feu de forêt, consumant dans sa fournaise à la fois les sombres fourrés de l'affliction et les hautes futaies de l'orgueil.

Mon silence, comme l'éther, traverse tout ce qui existe, emportant le chant de la terre, des atomes et des étoiles vers les espaces immenses de Sa résidence infinie.

Paramahansa Yogananda
Méditations métaphysiques

13 décembre — Le silence

Avant de prendre une décision concernant toute question importante, vous devriez vous asseoir en silence et demander au Père céleste de vous accorder Ses bénédictions. Alors, renforçant votre pouvoir, vous sentirez le pouvoir de Dieu ; soutenant votre esprit, Son esprit ; et décuplant votre volonté, Sa volonté.

Paramahansa Yogananda
La loi du succès

14 décembre — Le silence

Des profondeurs du silence, le geyser de la Félicité divine jaillit infailliblement et se répand sur notre être même.

Paramahansa Yogananda
Ainsi parlait Paramahansa Yogananda

15 décembre   Noël

Pour susciter un état de conscience divin dans notre conscience humaine, nous devons dépasser l'idée traditionnelle et limitée que nous avons du Christ. Pour moi, Noël évoque la magnificence spirituelle : c'est la prise de conscience que nos esprits sont un autel du Christ qui est l'Intelligence universelle dans toute la création.

Paramahansa Yogananda
Journey to Self-realization

16 décembre — Noël

Je me préparerai pour la venue du Christ, le divin enfant omniprésent, en nettoyant le berceau de ma conscience de la rouille de l'égoïsme, de l'indifférence et de l'attachement aux sens. J'utiliserai pour ce faire la pâte à polir de la méditation profonde et quotidienne sur Dieu, de l'introspection et du discernement. Je donnerai à ce berceau un nouveau lustre, grâce aux radieuses qualités de l'âme : l'amour fraternel, l'humilité, la foi, le désir de connaître Dieu, le pouvoir de volonté, le contrôle de soi, la renonciation et la générosité, afin que je puisse célébrer comme il se doit la naissance du divin Enfant.

Paramahansa Yogananda
Méditations métaphysiques

17 décembre — Noël

Le Christ est né dans le berceau de la tendresse. La puissance de compassion de l'amour est plus grande que la force destructrice de la haine. Peu importe ce que vous dites ou faites à autrui, que ce soit avec amour. Ne faites de tort à personne. Ne jugez pas les autres. Ne haïssez personne, aimez tout le monde ; percevez le Christ en tous… Pensez tout en termes d'universalité.

Paramahansa Yogananda
Journey to Self-realization

18 décembre — Noël

Les yeux dirigés vers le haut, concentrez-vous sur votre monde intérieur. Contemplez l'étoile astrale de la sagesse divine et laissez vos pensées inspirées suivre cette étoile télescopique afin d'y apercevoir le Christ en tout.

Dans ce pays du Noël éternel, où la Conscience christique réside, joyeuse et omniprésente, vous trouverez Jésus, Krishna, les saints de toutes les religions, les grands gurus-précepteurs, attendant de vous offrir une divine réception florale et un bonheur éternel.

Paramahansa Yogananda
Méditations métaphysiques

19 décembre — Noël

Jésus viendra-t-il à nouveau ? Métaphysiquement, il est déjà omniprésent. Il vous sourit à travers chaque fleur. Il sent son corps cosmique dans la moindre particule de l'espace. Chaque mouvement du vent respire la respiration de Jésus. Par son unité avec la Conscience christique divine, il est incarné dans tout ce qui vit. Si vous avez des yeux pour voir, vous pouvez l'apercevoir, intronisé dans toute la création.

Paramahansa Yogananda
La quête éternelle de l'homme

20 décembre — Noël

Il y a une énorme différence entre l'imagination et la réalisation du Soi. Si vous ne faites qu'imaginer, vous pouvez avoir des rêves subconscients et des « visions » intérieures du Christ tous les jours. Mais cela ne veut pas encore dire que vous soyez réellement en contact avec Lui. La véritable visitation de Jésus est la communion avec la Conscience christique. Si vous vous syntonisez avec ce Christ-là, votre vie entière se transformera.

Paramahansa Yogananda
Journey to Self-realization

21 décembre — Jour de Noël

Ô Christ, prends possession de mon cœur et de mon esprit ! Renais en moi en tant qu'amour pour toute l'humanité. Puisse Ta conscience présente en chaque atome se manifester en moi sous forme de loyauté inconditionnelle envers le Guru et les Grands Maîtres comme aussi envers Toi, ô Jésus béni, et envers le Très-Haut qui est notre Père à tous.

Paramahansa Yogananda
Revue de la Self-Realization

22 décembre — Noël

Aujourd'hui, attirez le Christ de façon irrésistible par vos cantiques et par la dévotion de votre cœur puis attirez-le encore plus près en approfondissant votre réalisation du Soi. Avec toute l'intensité de votre zèle et de votre perception intérieure, fondez votre conscience dans le bonheur intérieur. Oubliez le temps. Quand vous sentirez la joie se répandre en vous, soyez conscients que le Christ entend votre chant. Tant que votre concentration repose simplement sur les paroles, vous ne vous identifiez pas encore au Christ. Mais si votre joie chante au-dedans de vous, le Christ est à votre écoute.

Paramahansa Yogananda
Revue de la Self-Realization

23 décembre — Noël

À travers la transparence de ma méditation la plus profonde, je recevrai la lumière du Père passant à travers moi. Je serai un fils de Dieu tout comme Jésus l'était, en recevant Dieu en plénitude grâce à l'élargissement de ma conscience spirituelle par la méditation.

Je suivrai les bergers de la foi, de la dévotion et de la méditation qui me guideront à travers l'étoile de la sagesse intérieure jusqu'au Christ omniprésent.

Paramahansa Yogananda
Revue de la Self-Realization

24 décembre — Veille de Noël

Toutes mes pensées décorent l'arbre de Noël de la méditation avec les présents peu communs issus de la piété, scellés d'or par des prières venues du cœur, demandant que le Christ veuille bien s'approcher et recevoir mes humbles présents.

Je me joindrai en pensée aux prières d'adoration qui montent dans toutes les mosquées, dans toutes les églises et dans tous les temples ; et je percevrai, sous forme de paix, la naissance de la Conscience christique universelle sur l'autel de tous les cœurs remplis de dévotion.

Paramahansa Yogananda
Méditations métaphysiques

25 décembre   Jour de Noël

Puisse l'esprit de Noël que vous éprouvez en ce jour ne pas disparaître demain ! Puisse-t-il, au contraire, demeurer en vous chaque nuit lorsque vous méditez. Alors, dans le silence de votre esprit, au fur et à mesure que vous dissiperez toutes les pensées agitées, la Conscience christique s'installera. Si nous marchons tous dans l'esprit de Jésus, nous ne manquerons pas de ressentir chaque jour sa présence en nous.

Paramahansa Yogananda
La quête éternelle de l'homme

26 décembre — Noël

C'est ainsi, mes bien-aimés, que mon Noël se poursuivra indéfiniment dans une joie éternelle et toujours plus grande. Si cette joie était limitée comme le bonheur terrestre, le moment viendrait où tout serait terminé. Mais aucun saint ne pourra jamais épuiser la félicité toujours nouvelle de Dieu.

Paramahansa Yogananda
La quête éternelle de l'homme

27 décembre — La patience

Lorsqu'on laboure la terre pour la culture des céréales, on a besoin de patience pour détruire toutes les mauvaises herbes, bien superflues ; et il faut savoir attendre, même si le sol paraît alors stérile, jusqu'à ce que les bonnes semences cachées donnent des pousses puis des plants. Il faut encore plus de patience pour débarrasser le champ de la conscience des mauvaises herbes qui l'envahissent, autant d'attachements superflus aux plaisirs des sens et très difficiles à déraciner. Et pourtant, quand le champ de la conscience est dégagé puis ensemencé de graines de bonnes qualités, les plants des nobles activités se mettent à pousser, produisant en abondance les fruits du véritable bonheur. Par-dessus tout, ayez la patience de rechercher la communion avec Dieu par la méditation profonde et de faire connaissance avec votre âme indestructible, cachée à l'intérieur de votre corps terrestre périssable.

Paramahansa Yogananda,
dans un *Paragramme*

28 décembre — La patience

« En vérité, ce que vous désirez est toujours avec vous, plus proche que vos mains ou vos pieds. À tout moment, vous pourriez être élevés au-dessus de ce monde matériel et de votre humeur déprimée. Sachez L'attendre patiemment. »

Sri Gyanamata
God Alone: The Life and Letters of a Saint

29 décembre — La patience

Ne vous attendez pas à voir une fleur spirituelle tous les jours. Semez la graine, arrosez-la de prières et d'efforts sincères. Quand elle germe, prenez soin de la plante en arrachant les mauvaises herbes du doute, de l'indécision et de l'indifférence qui risquent de pointer autour d'elle. Un beau matin, vous apercevrez tout à coup la fleur spirituelle de la Réalisation que vous avez si longtemps espérée.

Paramahansa Yogananda,
dans un *Paragramme*

30 décembre — La patience

Vous êtes votre propre ennemi et vous ne le savez pas. Vous n'apprenez pas à rester assis en silence. Vous n'apprenez pas à consacrer du temps à Dieu. Et vous êtes impatients et espérez atteindre le paradis d'un seul coup. Vous ne pouvez pas l'atteindre en lisant des livres, en écoutant des sermons ou en faisant des œuvres de charité. Vous ne pouvez obtenir Dieu qu'en Lui consacrant votre temps dans la méditation profonde.

Paramahansa Yogananda
La quête éternelle de l'homme

31 décembre — La patience

Oublions les malheurs du passé et prenons la résolution de ne pas revenir sur eux pendant la nouvelle année. Avec une détermination et une volonté inébranlables, renouvelons notre vie, nos bonnes habitudes et nos succès. Si l'année écoulée a été on ne peut plus mauvaise, assurément la nouvelle Année ne pourra être que bonne.

Paramahansa Yogananda
Revue de la Self-Realization

BUTS ET IDÉAUX
DE LA SELF-REALIZATION FELLOWSHIP

*Tels que définis par le fondateur, Paramahansa Yogananda
Présidente : Sri Mrinalini Mata*

Répandre parmi toutes les nations la connaissance de techniques scientifiques définies permettant de faire l'expérience personnelle et directe de Dieu.

Enseigner que le but de la vie est de faire évoluer, par l'effort personnel, la conscience mortelle et limitée de l'homme jusqu'à lui faire atteindre la Conscience de Dieu ; et, à cette fin, établir dans le monde entier des temples de la Self-Realization Fellowship pour communier avec Dieu et aussi encourager l'établissement de temples de Dieu individuels dans le foyer et dans le cœur de chaque homme.

Révéler l'harmonie complète et l'unité fondamentale existant entre le Christianisme originel, tel que Jésus-Christ l'a enseigné, et le yoga originel, tel que Bhagavan Krishna l'a enseigné ; et montrer que les principes de vérité qu'ils contiennent constituent le fondement scientifique commun à toutes les vraies religions.

Indiquer la voie divine universelle où tous les sentiers des croyances religieuses véritables finissent par aboutir : la voie de la méditation quotidienne, scientifique et fervente sur Dieu.

Affranchir l'homme de sa triple souffrance : maladies physiques, discordances mentales et ignorance spirituelle.

Favoriser « une vie simple doublée d'un idéal élevé » et répandre parmi tous les peuples un esprit de fraternité en leur enseignant le fondement éternel de leur unité : leur parenté avec Dieu.

Démontrer la supériorité de l'esprit sur le corps et de l'âme sur l'esprit.

Triompher du mal par le bien, de la peine par la joie, de la cruauté par la bonté et de l'ignorance par la sagesse.

Unir science et religion en réalisant l'unité de leurs principes fondamentaux.

Favoriser la compréhension spirituelle et culturelle entre l'Orient et l'Occident ainsi que l'échange de leurs qualités respectives les plus nobles.

Servir l'humanité comme son propre Soi universel.

PUBLICATIONS DE LA SELF-REALIZATION FELLOWSHIP DES ENSEIGNEMENTS DE PARAMAHANSA YOGANANDA

Disponibles en librairie ou directement auprès de l'éditeur :

Self-Realization Fellowship
3880 San Rafael Avenue • Los Angeles, CA 90065-3219 USA
Tél. +1(323) 225-2471 • Fax +1(323) 225-5088
www.yogananda-srf.org

TRADUITS EN FRANÇAIS

Autobiographie d'un yogi
Affirmations scientifiques de guérison
À la source de la lumière
Ainsi parlait Paramahansa Yogananda
Comment converser avec Dieu
Dans le sanctuaire de l'âme
Journal spirituel
La loi du succès
La paix intérieure
La science de la religion
La quête éternelle de l'homme
Méditations métaphysiques
Pourquoi Dieu permet le mal et comment le surmonter
Vers la quiétude du cœur
Vivre en vainqueur
Vivre sans peur
La science sacrée de Swami Sri Yukteswar
Rien que l'Amour de Sri Daya Mata
Relation entre guru et disciple de Sri Mrinalini Mata

LIVRES EN ANGLAIS DE PARAMAHANSA YOGANANDA

The Second Coming of Christ
The Resurrection of the Christ Within You
Un commentaire révélé des Évangiles sur l'authentique enseignement de Jésus

God Talks with Arjuna: The Bhagavad Gita
Une nouvelle traduction de la Bhagavad Gita et un nouveau commentaire

The Divine Romance
Volume II des conférences, propos informels et essais de Paramahansa Yogananda

Journey to Self-realization
Volume III des conférences, propos informels et essais de Paramahansa Yogananda

Wine of the Mystic
The Rubaiyat of Omar Khayyam. A Spiritual Interpretation
Un commentaire inspiré qui nous fait découvrir la science mystique de communion avec Dieu, dissimulée derrière les images énigmatiques des *Rubaiyat*.

Whispers from Eternity
Un recueil de prières de Paramahansa Yogananda et de ses expériences divines dans des états élevés de méditation

The Yoga of the Bhagavad Gita
Une introduction à la science universelle de réalisation divine de l'Inde

The Yoga of Jesus
Comprendre l'enseignement caché des Évangiles

Songs of the Soul
Poésie mystique de Paramahansa Yogananda

Cosmic Chants
Paroles et musiques de 60 chants de dévotion, avec une introduction expliquant comment le chant spirituel peut conduire à la communion divine.

ENREGISTREMENTS AUDIO DE PARAMAHANSA YOGANANDA

Beholding the One in All
The Great Light of God
Songs of My Heart
To Make Heaven on Earth
Removing All Sorrow and Suffering
Follow the Path of Christ, Krishna, and the Masters
Awake in the Cosmic Dream
Be a Smile Millionaire
One Life Versus Reincarnation
In the Glory of the Spirit
Self-Realization: The Inner and the Outer Path

AUTRES PUBLICATIONS DE LA SELF-REALIZATION FELLOWSHIP

Le catalogue complet des livres et des enregistrements audio et vidéo de la Self-Realization Fellowship est disponible sur demande.

Finding the Joy Within You:
Personal Counsel for God-Centered Living
de Sri Daya Mata

God Alone: The Life and Letters of a Saint
de Sri Gyanamata

"Mejda":
The Family and the Early Life of Paramahansa Yogananda
de Sananda Lal Ghosh

Self-Realization
(revue trimestrielle fondée par Paramahansa Yogananda en 1925)

LES LEÇONS
DE LA SELF-REALISATION FELLOWSHIP

Les techniques scientifiques de méditation enseignées par Paramahansa Yogananda, y compris le kriya yoga – tout comme ses instructions sur les différents aspects d'une vie spirituelle équilibrée – sont exposées dans les *Leçons de la Self-Realization Fellowship*. Pour de plus amples renseignements, veuillez nous écrire afin de recevoir la brochure gratuite d'introduction en français «Qu'est-ce que la Self-Realization Fellowship?» ou la brochure gratuite «Undreamed-of Possibilities» disponible en anglais, en espagnol et en allemand.

Self-Realization Fellowship
3880 San Rafael Avenue
Los Angeles, CA 90065-3219, U.S.A.
Tél +1(323) 225-2471 • Fax +1(323) 225-5088
www.yogananda-srf.org

www.ingramcontent.com/pod-product-compliance
Lightning Source LLC
Chambersburg PA
CBHW020730160426
43192CB00006B/172